중소기업 생존전략

이서원

히든 챔피언 만들기 프로젝트

중소기업 생존전략

나종호 지음

이서원

머리말

다들 부푼 꿈을 안고 사업을 시작하지만 성공할 확률보다 실패할 확률이 높은 게 창업이다. 통계청의 2006~2012년 기업 생멸 행정통계 자료에 따르면 전국 신생기업의 생존율은 1년 후 61.3%, 2년 후 48.4%, 3년 후 40.5%, 4년 후 35.1%, 5년 후 29.6%를 기록했다. 신생기업 10군데 중 절반가량이 2년 안에 문을 닫는다는 얘기다.

겨우 살아남았다 하더라도 성공궤도에 오르기까지 밤잠을 설치면서 애를 태워야 하고, 자금 부족이나 원자재 수급 문제, 인력 문제 등 여러 가지의 어려움에 맞닥뜨리게 마련이다. 창업 초창기에는 누구나 어려움을 겪는다는 사실을 인식하고 중도포기하지 않고 끝까지 극복할 수 있다는 강한 의지와 신념을 가지고 사업에 임하는 게 무엇보다 중요하다. 그리고 창업 후 사업이 어느 정도 궤도에 오르고 잘되었을 때 자칫 자만에 빠지거나 교만해지면 어느 한순간 위기에 봉착할 수도 있다는 사실을 잊지 말아야 하겠다. 따라서 창업자에게는 강한 신념과 인내, 성실함, 냉철한 판단력이 요구된다.

우리나라는 다른 나라에 비해 중소기업이 살아남기 힘든 구조이다. 대기업이 전체 산업에서 차지하는 비중이 비대한 데다 내수시장이 협소해 웬만해선 살아남기 힘들다. 이런 열악한 환경에서 살아남으려면 우선 누구도 넘보지 못할 경쟁력 있는 상품으로 부가가치를 높여야 한다. 그리고 보다 넓은 글로벌 시장에 도전해야 한다. 이런 점에서 독일의 '히든 챔피언' 기업은 우리나라 중소기업에 많은 시사점을 던져준다.

히든 챔피언이란 말은 독일의 경영학자 헤르만 지몬이 펴낸 《히든 챔피언》이란 책에서 비롯되었다. 헤르만 지몬은, 세계시장점유율이 3위 내 기업 혹은 대륙에서 1위 기업이면서 매출액이 40억 달러 이하인 기업, 대중에게 잘 알려져 있지 않은 기업을 히든 챔피언이라 정의했다. 다시 말해 자신만의 특화된 경쟁력을 바탕으로 세계시장을 지배하는 작지만 강한 기업이라 하겠다. 히든 챔피언을 '강소기업'이라고도 한다.

헤르만 지몬에 따르면 히든 챔피언 기업은 다음 여섯 가지 특징을 가지고 있다.

- 명확하고 야심찬 목표로 한 분야의 전문성에 집중하여 시장을 좁게 설정하며, 이 집중된 역량을 계속해서 유지하고 키워나간다.

- 세계 시장 진출을 위해 전사적인 노력을 기울이며 지속적으로 세계 시장에서의 기회를 포착한다.
- 아웃소싱을 하되 연구개발 같은 핵심역량은 직접 수행한다.
- 고객 친밀성이 높아 VIP 고객들과 밀접한 관계를 구축한다.
- 직원에게 일체감과 동기를 부여하는 조직 문화를 가지고 있다.
- 경영자는 대부분 기본가치와 본질을 중시하며, 자신의 혼을 싣고 장기 재직하는 경우가 많다.

독일의 경우 히든 챔피언 수가 전 세계의 40%인 1307개로 2위 미국[366개]에 비해 3배 이상 많다. 독일은 세계 3위 수출국이고 유럽연합의 최대 경제대국이다. 이러한 독일의 경제력을 지탱해주는 힘은 '미텔슈탄트'라고 불리는 중소기업의 경쟁력에 있다. 약 400만 개의 중소기업이 기술력을 바탕으로 전체 고용의 70%를 담당하면서 독일을 제조업 명품국가로 만들고 있다.

독일 중소기업들은 생산범위를 최대한 좁혀 가장 잘할 수 있는 한 가지 품목에 특화한다. 고품질 제품을 생산하여 고부가 시장을 공략하고, 여기서 확보한 이윤을 연구개발에 재투자하여 경쟁력을 높인다. 그리고 전통적으로 독일은 '마이스터 제도'라는 체계적인 인력 양성 시스템을 갖고 있는데, 이 제도를 통해 고숙련 기술 인력을 양성한다. 중소기업은 안정적으로 인력을 공급받아 좋고, 젊은이들은 일자리 걱정이 없다. 우수 인력 덕분에 세계 최고 수준의 기술을 유지할 수 있다.

우리 정부 역시 이런 강소기업의 필요성을 절감하고 있다. 한국무역보험공사는 2017년까지 중소·중견기업 300개를 글로벌 강소기업으로 육성하기 위해 수출 성장단계별로 '수출초보기업', '수출유망기업', '글로벌전문기업'의 세 단계로 구분하고 이에 맞는 맞춤형 서비스를 지원하는 '글로벌 성장사다리 프로그램'을 시행 중이다. 또한 전국경제인연합회 중소기업경영자문봉사단도 2014년 7월 앞으로 10년간 '한국형 강소기업' 300개를 육성하겠다고 밝혔다.

다들 성공할 수 있으리란 희망을 가지고 창업을 시작하고 똑같이 열심히 일하는데도 성공과 실패라는 상반된 결과가 나타나는 이유는 무엇일까? 이는 성공하는 중소기업들에는 있지만 실패하는 중소기업에는 없는 여섯 가지 핵심요소 때문이다. 구체적으로는 생존을 위한 창업정신과 경영마인드, 강한 경쟁력을 유지시켜주는 핵심역량, 구매욕구를 자극하는 상품 부가가치, 경영성과를 높이는 고객중심경영, 중소기업을 강소기업으로 만드는 차별화, 돈 안들이고 성과 높이는 판매전략 등이다. 어려움을 극복하고 성공적인 경영을 하고 있는 국내외 여러 기업들의 모범사례를 통해, 여섯 가지 핵심요소를 39가지 생존전략으로 나누어 살펴보았다. 39가지 생존전략을 잘 실천해 우리나라 중소기업도 세계적인 히든챔피언으로 거듭날 수 있기를 희망한다.

39가지 중소기업 생존전략 | 차례

2

경쟁력을 높이는 핵심역량 개발

3

구매욕구를 자극하는 상품 부가가치 향상

4

경영성과를 높이는 고객중심경영

6
돈 안들이고 성과 높이는 판매전략

1

생존을 위한 창업정신과 경영마인드

1

생존을 위한 창업정신과 경영마인드

사업 비전을 명확히 하라

비전이 없는 기업은 오래가기가 어렵다. 미래에 대한 비전과 희망을 가지고 있는 기업은, 그리고 그런 정신을 가지고 있는 창업주만은 정신적·육체적으로 난관에 부닥치더라도 이를 꿋꿋하게 이겨내고 슬기롭게 극복해낼 수 있다.

1989년 서울대 제어계측공학과 대학원생들이 창업한 휴맥스는 전 세계 셋톱박스 시장 1위를 굳건히 지키며 수많은 벤처기업인의 희망이 되고 있지만, 창립 당시만 해도 구체적인 목표시장 없이 자신들이 보유한 기술의 상업화에 매달렸다.

그러나 구체적인 목표시장이 없다 보니 애써 개발한 기술도 상용화하는 것이 만만치가 않았다. 이런 상황에서 여러 가지 시행착오를 겪던 이들은 1993년에 들어서야 디지털 노래반주기 출시와 함께 디지털 가전 시장에 집중하기 시작했다. 이어 1997년에는 디지털 셋톱박스 시장에 진입했는데 제품 개발

4년 만에 필립스와 노키아를 제치고 세계 셋톱박스 생산량의 11%를 차지하면서 유럽 셋톱박스 오픈마켓 1위에 올랐다.

휴맥스를 성공으로 이끈 것은 시행착오를 겪으면서 터득한 기술이다. 이들은 셋톱박스라는 특정 시장에서 기술적인 문제로 발생한 위기상황을 학습기회로 삼아 지속적으로 노하우를 쌓아갔다. 이렇게 축적된 아날로그 위성방송 수신기 기술 덕분에 휴맥스는 TV내장형 디지털 위성방송 수신모듈을 가장 먼저 개발해낼 수 있었다. 또한 아시아에서 처음으로 유럽 시장의 디지털 방송 표준인 DVB^{Digital Video Broadcasting}를 개발해 시장을 선점하는 효과를 누렸다.

기업의 비전뿐만 아니라 창업주나 CEO의 경영이념과 경영철학도 기업문화 형성에 중요한 영향을 미친다. 휴렛팩커드는 대표이사 사무실을 오픈해 자유스러운 대화와 토론 문화를 강조하고 있다. 3M은 모든 직원이 아이디어를 활발하게 제안할 수 있는 제도를 활성화시키고 있다. 마이크로소프트는 전 직원이 캐주얼한 옷차림으로 출근하고, 허물없이 상사와의 자유로운 토론 분위기를 조성하고 있다. 이는 기업 구성원 전체의 행동에 영향을 미치는 문화를 만들어줌으로써 하나의 방향으로 전 직원이 일관성 있게 움직여가는 좋은 방법이라 할 수 있다.

아그로수퍼는 세계3위의 글로벌 농축수산 식품기업으로서, 세계 최초로 유엔이 인증한 친환경 방식으로 전 세계 65개국에 수출하고, 매출액 3조 5000억 원에 달하는 글로벌 기업으로서의 면모를 지니고 있는 기업이다. 칠레의 한 시골마을 작은 양계장에서 시작한 아그로수퍼가 글로벌 강소기업으로 성공할 수 있었던 배경에는 칠레의 풍부한 자원과 일조량, 깨끗한 자연환경 등 농업을 위한 최적의 환경이 있다. 이러한 배경과 더불어 철저한 품질관리와 브랜드 파워 육성 또한 큰 역할을 했다.

아그로수퍼는 기업형 운영에 초점을 두고 초기부터 주문자상표부착방식[OEM] 생산을 하지 않고 자체 브랜드로 출발하였다. 농축산 제품은 날씨나 유행성 질병 등 기타 사업 등에서 발생할 수 있는 다양한 변수가 있으므로 자체 브랜드 생산을 통해서 종업원들에게 품질관리에 대한 강한 책임의식을 갖게 하기 위함이었다. 또한 아그로수퍼는 도축, 가공, 판매에 이르기까지 육류사업의 전 과정을 수직계열화 했다. 여러 다른 농장에서 들여온 소나 돼지를 가공할 경우 균일한 품질이 나올 수 없다고 판단했기 때문이다.

1980년대 남미대륙은 극심한 경제위기에 시달렸고 칠레 농축산업 역시 최악의 불황으로 고전을 면치 못하고 있었다. 그러나 아그로수퍼는 오히려 더 공격적인 시장 투자와 사업 다각화로 해외시장을 개척했다. 양계산업의 침체 속에서 문을 닫은 양계장을 모조리 사들여 돼지를 키웠다. 그리고 과수재배사업, 연어사업, 햄·소시지사업, 와인사업까지 거침없는 사업 확장으로 칠레 최대의 육가공 업체로 거듭났다. 또한 세계 각국이 보유한 최고의 식품 관련 기술을 사들여 이를 칠레의 깨끗한 자연환경과 접목시켜 성공가도를 달릴 수 있었다.

아그로수퍼는 항상 높은 곳을 바라보며 비전을 설정했다. 내수시장인 칠레 자국 시장뿐만 아니라 세계시장을 염두에 두고 움직인다. 그런 비전이 있었기 때문에 남미 경제위기 상황에서도 오히려 더 크게 성장할 수 있었다.

손익 마인드와 현금 유동성을 중시하라

기업은 결국 이익을 내기 위해서 영위하는 것이기 때문에 창업주는 손익 마인드를 가져야 된다. 아무리 매출이 높아도 순수익이 얼마 안 되면 사실 그 아이템은 그다지 좋은 아이템이라 할 수 없다. 매출이 높은 기업도 자금 운용에 실패하면 사업 진행에 차질을 빚기도 한다.

특히나 현금유동성이 없는 기업은 한순간에 무너지는 경우가 종종 있다. 물건이 잘 팔려서 현금이 착착 내 손에 들어오면 아무 문제가 없다. 문제는 장사는 잘되는데 거래대금이 회수가 안 되어 돈이 안 돌 경우다. 한마디로 자금줄이 막히면 좋은 아이템을 가지고도 성공하기가 쉽지 않다. 그러므로 창업주는 항상 현금유동성에 대한 대비를 해야 한다.

그리고 수익성에 대해 구체적인 목표를 가져야 한다. 월별 손익분기점에 대한 명확한 수치 분석, 일일 월별목표 매출액을 정해야 얼마 팔아 얼마가 남는지를 한눈에 알 수 있고, 한 달 목표 매출액에 따른 일 매출액이 얼마가 되어야 하는지 세부적인 계획도 세울 수 있다.

회사의 궁극적인 목적은 어떠한 환경속에서도 회사를 계속적으로 성장시켜 나가는 것이라 할 수 있다. 따라서 경영활동을 통해 지속적으로 이익을 창출하거나 비용을 절감함으로써 회사의 이익과 현금흐름을 최대화하도록 노력해야 한다. 이를 위해 손익마인드를 갖고 회사가 만드는 상품의 원가는 얼마인지, 얼마 팔아야 얼마의 이익이 나는지, 지금의 판매량과 판매가격이 회사 이익에 충분히 도움이 되고 있는지 등을 정확히 알고 있어야 한다. 필자가 중소기업에 근무할 당시, 미국 대형마트에 자사상품의 납품이 결정되어 전직원들이 아주 즐거워했던 기억이 있다. 대형마트에 한번 납품이 결정되어 품질에 문제가 없는한 계속적으로 판매할 수 있게 되면 작은 중소기업으로서는 안정적인 매출을 유지할 수 있게 된다. 하지만 미국에 수출을 하기 위해서는 국내에서 원부자재를 현금을 주고 구입해서 완제품을 만들어 미국으로 보내야 한다. 이렇게 물건을 보내고 나면 수금이 될 때까지 몇 개월이 걸리게 된다. 그 당시에도 단 한번의 발주물량이 너무 많아 많은 현금을 주고 원부자재를 구입해서 완제품을 만들어 수출했던 물량의 대금이 바로 회수되지 않아 회사가 한동안 유동성 위기에 빠진 적이 있었다. 뿐만아니라 미국 현지에서의 판매관리비를 정확히 산출해보지도 않고 많은 물량에만 현혹되어 수출을 결정함으로써 매출은 상당히 달성했지만 실제 손익에는 아무런 도움이 되지 못하는 결과를 가져왔다. 이처럼 눈앞의 판매실적에만 연연하고, 실제 판매에 따른 이익이 얼마나 나는지를 꼼꼼하게 따져보지 않게되면 오히려 판매로 인한 유동성 위기를 자초할 수도 있다.

현금 유동성으로 경쟁력 확보

라이온켐텍

라이온켐텍은 종업원 143명의 중소기업으로 산업용 합성왁스를 생산 판매한다. 중소기업이 후발 주자로 겁 없이 뛰어들어 내로라하는 대기업과 경쟁하여 살아남았을 뿐 아니라 산업용 합성왁스 국내 시장점유율 1위, 인조대리석 3위를 차지하고 있는 놀라운 기업이다. 산업용 합성왁스는 플라스틱·섬유·고무·페인트·접착제·화장품 등 화학제품 가공 시에 첨가되는 소재 원료다.

라이온켐텍 박희원 회장은 1973년 새한화학공업사(라이온켐텍 전신)를 경영하면서 합성왁스가 전량 수입되고 있다는 사실을 알곤 국산화에 매진해 10여 년의 노력 끝에 합성왁스를 국내 최초로 개발했다. 자금난에 시달리면서 거기다 대기업들의 견제를 뚫고 대기업의 대량 소품종 공급에 대응해 소량 다품종 전략으로 꾸준히 시장을 확보해 나갔다. 기술개발을 통한 품질 향상, 비용절감 노력도 계속했다.

2001년에는 인조대리석 시장에 뛰어들어 두 번째 도전을 시작했다. 인조대리석 국내시장은 당시 삼성, LG, 한화, 듀폰 등 대기업의 과점 시장이었다. 합성왁스 개발과 시장 공략의 경험을 바탕으로 품질을 앞세운 소량 다품종 전략으로 밀고 나갔다.

라이온켐텍은 2013년 합성왁스 207억 원, 인조대리석 791억 원으로 총 1,031억 원의 매출을 올렸다. 같은 해 11월에는 코스닥에 상장하고, 12월에는 수출 5000만불탑을 수상했다. 2013년 말 현재 현금 및 현금성 자산은 236억 원인 데 반해 부채 총액은 89억 원에 불과하다. 놀랍게도 순부채비율이 -19.6%이다.

박희원 회장은 "대기업과의 경쟁에서 중소기업이 살아남기 위해서는 기술 축적과 마케팅 경쟁력 확보가 필수"라며 "대기업의 방해를 받지 않으려면 현찰 구매와 현금 유동성을 갖추고 있어야 한다."라고 강조한다.

직원을 사업 파트너로 생각하라

　기업주는 경영 파트너십을 가져야 된다. 다시 말해 사업은 혼자 하는 것이 아니므로 종업원들에 대한 애정과 믿음이 필요하다. 처음부터 하나에서 열까지 본인이 모든 것을 챙겨서 하려고 하면 큰 성과를 내기가 어렵다. 창업을 한 뒤 시간이 지나면서 점차 규모가 커지고 조직이 커지게 마련인데, 혼자서 다 챙기고 관리를 하려고 하면 정말로 미래에 중요한 새로운 사업을 검토한다든가, 중요한 중장기 전략을 준비해나가는 데 차질이 생길 수밖에 없다.

　필자는 그동안 크고 작은 회사를 다니면서 기업주의 마인드가 기업에 미치는 영향이 얼마나 큰지를 현장에서 직접 경험했다. 대외적으로 아주 잘나가는 것처럼 보이는 중소기업일지라도 기업주의 마인드가 사회적 윤리에 어긋나거나, 종업원을 귀하게 여기지 않고 기업주 마음대로 부려도 되는 대상으로 취급하는 기업은 결코 오래가지 못했다.

반면 종업원을 함께 성장하고 미래를 공유하는 경영 파트너로 존중하고, 종업원의 가족까지 챙기는 따뜻한 인성을 지닌 기업주가 운영하는 기업은 분위기가 활기차고 성장세를 지속했다. 이런 기업의 종업원은 어려울 때나 잘될 때나 항상 열정을 가지고 회사를 위해 최선을 다한다. 결국 기업주가 어떤 마인드를 가지고 있느냐에 중소기업의 경쟁력이 달려 있다고 할 수 있다.

특히 기업주의 소통 능력이 중요하다. 부하직원을 훈계하고 질타하는 소통이 아니라, 부하직원의 눈높이에서 이해하고 설득하는 진정성 있는 소통은 부하직원을 감동하게 만들고 따르게 한다. 소통, 즉 대화의 시작은 서로에 대한 신뢰를 쌓는 것이다. 원래 소통의 사전적 의미는 '뜻이 잘 통하여 오해가 없음'을 뜻한다.

우리 사회에 일어나고 있는 여야 대립, 노사 갈등, 대기업과 중소기업 간 상생 문제 등도 진정성 있는 눈높이 소통의 부재에서 그 원인과 해답을 찾으면 해결하기가 보다 수월할 것이다. 그리고 최근 심각한 문제로 대두된 학교 폭력 문제 역시 학부모와 선생님이 학생들의 마음을 읽어주고 학생들의 눈높이에서 소통하는 것부터 시작하면 훨씬 줄어들 것이다.

다만, 트위터나 페이스북 같은 소셜네트워크서비스[SNS]를 이용한 소통에는 보다 주의를 기울여야 하겠다. 최근 정치인이나 유명인 등이 대중과의 직접 소통을 목적으로 SNS를 많이 이용하는데, 자신들을 알리고 자신들의 업적을 홍보하기 위한 수단이 주된 목적이라면 대중에게 믿음과 신뢰를 주기 어렵다.

자연주의 인본경영

마이다스아이티

마이다스아이티는 2000년 설립되어 2012년 매출 777억 원, 영업이익 129억 원_{영업이익률 23.4%}을 달성한 강소기업으로, 건설과 기계 분야의 구조해석 및 설계용 소프트웨어를 개발 및 보급하는 회사이다.

사람들이 주거하고 생활하는 건축물, 교량, 터널 등을 안전하게 짓기 위해서는 향후 예상되는 각종 하중과 바람, 지진 같은 자연 재해에 안전한지 미리 검증해봐야 하고, 가급적 시공비가 적게 들도록 경제적인 최적의 설계도 우선되어야 한다. 마이다스아이티의 구조해석 및 설계 소프트웨어는 이 모든 것을 사전에 시뮬레이션해볼 수 있게 해준다. 이러한 시뮬레이션 기술은 기계와 의학 분야에도 확대 적용되고 있다.

세계 최고층 건물인 두바이의 브루즈칼리파를 비롯해 상암 월드컵경기장, 세계 최장 사장교인 중국의 수퉁대교, 베이징 올림픽 메인 스타디움, 2010상하이엑스포전시관 설계 등에 마이다스아이티 프로그램이 사용되었다. 이뿐만 아니라 2000년 이후 건설된 국내 건물의 95%에 마이다스아이티 프로그램이 사용되고 있다.

마이다스아이티의 가장 핵심적인 성공요인은 창업주의 '자연주의 인본경영'에 있다. 인간 본성에 대한 과학적인 이해를 바탕으로 인간의 행복을 돕는 자연주의 인본경영 사상을 기본으로 사람을 키웠기 때문에 오늘과 같은 성공을 이뤄낼 수 있었다.

30년 이상의 역사를 지닌 해외 유수 경쟁업체들은 소프트웨어를 개발하고 사업하는 것에만 집중한 결과 핵심 개발인력들의 나이가 들자 소프트웨어도 함께 쇠퇴했다. 반면 마이다스아이티는 사람을 키워 기술을 발전시켰다. 마이다스아이티는 창업 이후 지금까지, 신입으로 입사한 사람이나 5년 미만의 경력자로 입사한 이들을 각 사업 조직 책임자로 성장시켰다. 그들이 10개 사업 조직에서 평균 50~100억 원의 매출 성과를 내고 전체 770억 원의 글로벌 매출 성과를 창출하고 있다. 이처럼 핵심인력에게 기회를 부여하고 권한을 위임하는 등 사람 중심의 책임경영을 실천한 결과 글로벌 시장에서도 성공할 수 있다.

시장이 변하면 조직도 변해야 한다

산업 수명주기에 따르면 모든 산업은 도입기, 성장기, 성숙기, 쇠퇴기의 4단계를 거치면서 생멸한다. 이때 각 단계별로 산업 내 기업들의 매출 증가, 이익률, 경쟁 강도, 경쟁 형태 등이 다르게 나타난다.

산업 발전이 더디게 일어나는 도입기를 지나면 시장의 수요가 빠르게 늘어나면서 매출과 이익이 급증하는 성장기에 이른다. 도입기에서 살아남은 기업은 그동안 쌓아놓은 노하우로 성장기 때 유리한 고지를 점해 매출이 급증하는 동시에 늘어나는 수요에 따른 규모의 경제 효과를 누리면서 초과이익을 얻는 것이다. 그리고 시장 규모가 확대되고 이익이 늘면 새로운 경쟁사가 유입되면서 다양한 경쟁 상황이 벌어지므로 매출은 증가하지만 이익 성장률은 정점을 이루다가 하락한다.

성장기 때는 생산성이 향상되면서 가격 판촉 경쟁이 치열해지고, 시장 수요가 어느 정도 안정되면 유통의 확대 속도가 더디게 진행되면서 성숙기로 접어든다. 시장에 따라 이러한 성숙기가 장기간 유지되는 경우도 있지만, 결국 소비자에게 지속적인 가치를 제공하지 못해 쇠퇴하고 만다.

성숙기 후반이나 쇠퇴기에는 기업은 생존을 위해 몸부림친다. 원가를 절감하고자 허리띠를 졸라매고 그 밖에 여러 가지 비용절감 활동으로 이익을 보전하려 하지만 시장이 줄어들면 해당 기업의 매출과 이익도 줄어들 수밖에 없다.

대표적인 사례로, 전통음료 시장을 들 수 있다. 전통음료 시장을 개척한 것은 '비락식혜 파우치'다. 식혜의 원료인 엿기름의 발아 과정에서 생기는 아스파라긴의 피로 회복 기능과 디아스타제의 소화 촉진 기능이 소비자에게 알려지면서 도입초기 식혜 시장 규모는 50억 원대로 커졌다. 그런데 식혜를 담은 파우치를 뜯는 과정에서 내용물이 튀기 일쑤였고 마실 때도 내용물이 흘러나와 손이나 옷에 묻어 소비자들은 불편함을 감수해야만 했다. 이러한 불편함을 해소하기 위해 출시된 것이 '비락식혜 캔'이다. 캔 식혜는 기존의 식혜보다 100원 더 비싼 600원에 판매되었는데, 캔 식혜가 소비자의 큰 호응을 얻으면서 시장 규모는 한때년 2,500억 원으로 약 800%나 급성장했다.

이처럼 시장 규모가 확대되자 식품 제조업체는 물론 제약업체와 제과업체까지 캔 식혜 제조에 뛰어들었고 결국 60여 업체가 과당경쟁을 벌이기 시작했다. 캔 식혜를 제조하려면 캔 제작, 캔 세척, 식혜 주입, 캔 밀봉 등의 생산 공정을 거쳐야 하기 때문에 많은 비용이 필요하다. 이에 따라 각 기업은 캔 식혜 생산을 위해 수십억 원을 투자했고 시장에 캔 식혜가 범람하면서 출혈경쟁을 벌이는 지경에 이르렀다. 그 결과 600원 하던 캔 식혜가 200원 수준까지 떨어지는 상황이 벌어졌다.

판매가격이 낮아지자 각 기업은 원가절감을 위해 고심했고 일부 기업의 제품은 살균 과정을 제대로 거치지 못해 식혜가 변색, 변질, 심지어 부패하기까지 했다. 그러자 소비자들은 서서히 식혜에 등을 돌리기 시작했다. 아무리 가격이 저렴해도 품질이 따르지 않으면 소비자는 그 제품을 외면하게 마련이다. 결국 판매가격이 낮아진 상황에서 시장 수요마저 줄어들자 자금력으로 버틸 수 있는 몇몇 기업을 제외하곤 나머지 기업들은 도산하였다.

시장이 변화하면 내부 조직과 전략도 함께 변화해야 하는데 그러지 못했기 때문에 이런 상황이 벌어진 것이다. 변화된 환경에 맞춰 회사의 자원과 능력을 전체적으로 파악해보면서 한 발 물러나 상황을 좀 더 넓게 바라볼 필요가 있다. 회사를 특정 기능 및 제품과 서비스를 생산·판매하는 조직으로 한정하면 편견과 아집에서 벗어나기 어렵다.

시장 변화에 적절히 대응하기 위해서는 기존 사업과 완전히 다른 일에 관심을 기울여 새로운 가능성을 모색해보는 것이 좋다. 과거의 걸림돌에서 완전히 벗어나려면 새로운 사업과 고객, 직원과의 관계를 곰곰이 생각해보아야 한다. 우선 기존의 제품과 서비스 중에서 어떤 것을 계속 생산하고 유통시킬 것인지, 두 번 다시 손대고 싶지 않은 것은 무엇인지를 고민해봐야 한다. 두 번째는 어떤 고객과 관계를 지속하고, 어떤 고객과 관계를 개선할 것인지 재검토해봐야 한다. 협력업체, 공급업자, 거래은행, 그 밖에 여러 관련자들과의 관계에서 문제점은 무엇이고 어떤 점이 보완되어야 하는지를 고민해야 한다. 세 번째는 직원들과의 관계를 다시 생각해본다. 어떤 직원을 새로운 사업에 참여시키고 어떤 직원에게 무슨 업무를 맡길 것인지, 그리고 직원들의 역량과 직무를 분석해서 회사와 직원이 함께 성장하고 함께 신바람나게 일할 수 있는 방안은 무엇인지를 검토해야 한다.

이러한 고민들이 해결된다면 해당 기업이 잘해낼 수 있는 일이 무엇인지 찾아낼 수 있을 것이다.

실행 중심의 경영활동

불스원

불스원은 연료첨가제인 '불소원샷'으로 유명한 회사이다. 1997년 OCI옛 동양제철화학의 자회사인 (주)옥시가 자동차 관리용품 회사인 상아앤참을 인수해 불소원샷을 출시하였다. (주)옥시는 옥시크린섬유표백제, 물먹는 하마제습제, 쉐리섬유유연제 등 생활용품으로 유명하다. 이후 2001년 자동차용품 사업부가 '불스원'이라는 사명으로 독립하였다.

2011년에는 대주주가 OCI에서 불스원 신현우 부회장으로 바뀌었다. 이후 지난 10여 년간 매출 300억 원대에서 정체하고 있던 불스원에 혁신적인 경영 체계가 도입되어 자동차용품 시장을 빠르게 성장시키며 불스원은 업계에서 독보적인 리더로 자리매김하였다. 현재 불스원은 엔진케어, 에어케어, 서피스케어, 글래스케어와 액세서리 5개 카테고리에서 100여 종의 자동차 관리용 제품을 생산·판매하고 있는데, 최근 확장한 액세서리 카테고리를 제외한 모든 카테고리에서 1등을 차지하고 있으며 2등과는 큰 격차를 보인다.

불스원은 2011년부터 2013년까지 3년간 연평균 35% 높은 성장률로 매출액을 2배 이상 성장시키는 놀라운 성과를 달성하였으며, 2013년 말 기준 매출액 1,014억 원, 직원수 195명의 강소기업으로 발돋움하였다. 2012년에는 상하이에 중국 법인도 설립하였다.

불스원은 그동안 혁신적인 변화를 지속적으로 주도하여 뛰어난 성과를 보여주었는데, 핵심적인 성공요인은 다음과 같다.

- 원가절감과 가격인상
- 끊임없는 신제품 출시와 광고 지원
- 이론이 아닌 실행

- 경영진의 현장중시 경영
- 동기 부여 인센티브 또는 패널티
- 사람을 소중한 재산으로 여김

이 중에서도 '이론이 아닌 실행'에서 마케팅이나 영업의 시장 중심적 실행력을 좀 더 상세히 살펴보면 다음 네 가지 추진 사항을 꼽을 수 있다.

- R&D, 소비자 인사이트 기반의 혁신적 신제품 출시를 통한 성장과 이익 추구
- 26개 브랜드를 6개의 메가 브랜드로 단순화
- 확실한 광고 지원과 명확한 역할을 위해 유명인 모델 선정
- 영업 조직 및 채널의 다양화

불스원은 "2020년 7,000억 원 매출 달성으로 세계 1위의 자동차 용품 전문회사가 된다"라는 비전과 "우리는 고객이 자동차와 더불어 생활하는데 보다 건강, 안전하고, 쾌적하며, 친환경적인 제품 서비스를 개발, 제공한다"라는 미션, 그리고 "열정, 도전, 변화"라는 핵심가치를 전 직원이 공유하며 일하고 있다.

시장에 대한 이해가 사업성공의 출발이다

흔히 중소기업은 돈이 없어 대기업처럼 소비자 동향을 파악하고 시장 분석을 제대로 할 수 없다는 말을 많이 한다. 하지만 소비자조사를 통한 시장에 대한 정확한 이해가 없이는 사업을 성공시키기 어렵다. 적은 비용으로 조사할 수 있는 방법을 찾아 적극적으로 실행해야 한다. 세상 모든 일에는 창의적으로 접근할 수 있는 길이 있게 마련이다. 다음과 같은 방법을 따르면 적은 비용으로 큰 효과를 거둘 수 있을 것이다.

첫째, 왜 시장을 분석하고 소비자조사를 하는지 그 목적을 분명히 한다. 고객의 기대를 충족시키는 서비스를 제공하는 것은 기업의 생존과 직결되는 중요한 사안이다. 고객이 필요로 하지 않는 것을 시장에 팔 이유는 없지 않은가.

경기가 호황일 때, 즉 경제성장률이 가파른 상승세를 탈 때는 소비자의 니즈Needs 보다 기업의 시즈Seeds, 즉, 연구 축적, 기술과 연구 노하우 등이 중요시 된다. '만들면 팔리던' 시절이 여기에 해당된다. 하지만 지금처럼 공급과잉과 저성장 시대에는 수많은 경쟁자를 물리치고 소비자에게 선택을 받아야만 성공할 수 있으므로 소비자의 니즈가 중요시된다. 그렇다고 니즈와 시즈가 서로 대립관계에 있는 것은 아니다. 이 둘은 적절히 상호보완적인 관계를 유지해야 한다. 소비자가 원하는 것과 기업이 실제로 소비자에게 제공할 수 있는 것이 조화를 이뤄야 한다는 의미이다. 다만, 첨단 IT제품 같은 경우는 소비자조사나 고객니즈 파악 과정이 생략될 수도 있다. 왜냐하면 이러한 첨단제품은 소비자조사를 해도 특별한 아이디어를 얻기가 어렵기 때문이다. 이런 경우는 엔지니어의 창조성이나 기술력에 의존한 신제품이 먼저 탄생되고, 이 제품이 소비자의 잠재욕구를 자극하여 새로운 시장을 만들게 된다. 실제 스티브잡스는 소비자조사를 한번도 하지 않았지만 세상을 놀라게한 많은 혁신제품을 만들어 냈다.

둘째, 소비자의 목소리는 천 명의 것도 중요하지만, 단 한 명의 목소리도 중요하므로 고객 한 명 한 명의 목소리에 귀를 기울여야 한다. 기업 관계자들은 보통 공신력 있는 기관에서 대규모로 측정한 소비자조사 결과를 무조건 신뢰하는 경향이 있다. 소비자 조사기관은 대개 천 명의 소비자를 조사해 그 결과값의 평균을 낸 다음 소비자 욕구나 만족도 수준을 파악하는데, 이는 전형적인 소비자 정량조사 기법이다. 그런데 이런 방법으로 얻은 소비자상은 허상인 경우가 많다. 천 명의 소비자상이 실제 시장의 소비자를 집단화한 상은 아니기 때문이다. 고객 한 명 한 명의 목소리에 귀를 기울여 거기서 얻은 정보를 토대로 새로움의 단초나 보이지 않던 핵심을 이끌어내는 것이 무엇보다 중요하다.

2004년, 일본의 생활용품 제조업체 카오의 사장으로 취임한 오자키 모노토리는 자신이 브랜드 매니저로 일할 때 경험했던 인상적인 얘기를 들려주었다.

"가장 성공적이었던 제품은 고객을 생각한 신제품도, 소비자의 의견을 수집해 만든 제품도 아니었다. 그것은 기획자가 최선을 다해 만든 제품이었다."

소비자는 변덕이 심하다. 기업은 소비자를 한 방향으로만 조사하거나 지나치게 소비자의 눈치를 살피는 일은 지양해야 한다. 중요한 것은 선입견을 버리고 소비자의 의견을 폭넓게 듣는 것이다.

셋째, 중소기업은 고객 한 명을 보고 고민하는 현미경과 시장 전체를 바라보는 망원경을 동시에 갖춰야 한다. 흔히 시장 분석 자료로 생산량, 시장점유율, 고객의 초기구매율과 반복구매율 등의 숫자를 떠올리는데, 시장을 좀 더 깊이 이해하려면 고객 및 시장보다 소비자와 사회의 관계를 먼저 이해해야 한다.

고객이 시장에서 제품을 구매하는 행위는 소비자의 여러 가지 활동 가운데 하나에 불과하다. 또한 고객이 한 시장에서 제품을 통해 경험한 것은 다른 소비활동에 영향을 미치며 사회에서 관계를 맺고 있는 가족, 친구, 동료에게도 영향을 준다. 다시 말해 한 제품이 고객에게 좋은 반응을 얻는다는 것은 그 제품이 소비자의 행동과 각 사회의 관계에 영향을 미친다는 의미다. 그런 까닭에 소비자 각각의 성향을 파악하는 것은 상당히 중요한 일이다.

이러한 정보를 정성정보라고 하며, 이는 문자나 그림, 문장 등 수치로 표현할 수 없는 정보이다. 정성정보를 얻고자 할 때는 소비자의 의견과 행동을 유심히 살피고 그 배경 및 이유가 무엇인지 조사해야 한다. 그 과정에서 많은 것을 알게 되는데, 특히 중소기업은 정성정보를 바탕으로 제품, 서비스, 브랜드의 긍정적 이미지를 장기간에 걸쳐 유지·확대할 수 있는 실행방안을 마련하고 실천해야 한다.

하지만 정성정보만으로 시장 전체를 파악했다고 착각하면 안 된다. 소비자를 거시적인 관점에서 파악하려면 정량정보가 필요하다. 정량정보란 수치화할 수 있는 정보인데, 각 항목에 대한 소비자의 비율 등으로 나타낸다. 가령 연수, 연령, 가격, 선호도 등을 평균이나 분포 정보로 산출하는 것이다. 정량정보 분석은 일정수의 소비자에게 같은 질문을 해서 결과를 얻기 때문에 그 질문에 대한 소비자의 전체적인 의견수준을 가늠할 수 있다. 하지만 정량조사를 하려면 비용이 많이 든다는 문제점이 있다.

중소기업이 소비자조사를 실시할 때는 무엇보다 자사 고객을 올바르게 알고자 하는 태도가 중요하다. 고객이 누구이고 어디서 구매하는지, 왜 구매하는지를 고민하면 구체적인 질문 형식을 만들어낼 수 있다. 일단 질문 형식이 완성되면 직접 소비자를 찾아다니며 겸허한 자세로 소비자의 목소리를 받아들이고 그들을 이해하고자 노력해야 한다. 이런 조사에는 큰 비용이 들지 않는다.

제품 상자에 수신자부담 우편을 동봉해 상품만족도에 대한 설문지를 넣고 설문에 응해준 소비자에게 소정의 사은품을 보내주거나 샐러리맨이 주요 고객이라면 출근길에 사은품과 우편, 설문지를 나눠주고 설문조사를 할 수도 있다. 또한 실제로 제품을 구매한 고객을 방문해 어떻게 사용하고 있고, 무엇이 불편한지 들어보는 것도 좋은 방법이다. 이때 고객이 제품을 사용하는 장면을 디지털카메라로 찍어 전 직원이 함께 살펴보는 것이 좋다.

요즘과 같이 저성장 시대에 자원이 부족한 중소기업이 강한 기업으로 살아남으려면 빠르고 효과적으로 일해야 한다. 고객만족이라는 분명한 목적 아래 창의적인 생각과 빠른 실행을 우선시하면 중소기업도 충분히 기회를 찾아낼 수 있다. 필자가 한경희생활과학에서 근무하면서 외부 환경 조사비용이나 소요 일정을 줄이기 위해 창의적인 다양한 방법을 시도했다. 우선 인터넷 카페를 통해 회사의 주요 타깃인 주부 고객 가운데 몇 명을 선발해 3, 4개월 동안 조사요원으로 활동하게 했다. 그들에게 신제품 샘플을 직접 사용해보게 한 뒤, 회사에서 정기적으로 미팅을 열어 이들의 실질적인 목소리를 수집했다. 연구원이나 마케팅 기획자는 이런 과정을 통해 회사 내부에서 알아채기 힘든 제품의 문제점이나 장점 등을 효과적으로 파악할 수 있었다.

그리고 정성조사가 필요할 때는 연령별로 구분해서 조사했다. 연령에 따라 소비 환경과 사회관계에 차이가 있기 때문에 10대, 20대, 30대, 40대, 50대로 구분해 온라인이나 지인을 통해 회사로 초대한 다음 인터뷰를 했다. 이를 통해 신제품 아이디어나 소비자의 구매 변화 정도를 알 수 있었다. 이때 드는 비용은 신제품 샘플 혹은 자사 사은품을 선물할 때 발생하는 비용 정도면 충분했다.

정량조사를 하는 경우에는 온라인 카페 활동으로 구성된 주부 네트워크를 활용했다. 주부 한 사람당 지인 두세 명을 소개받는 형식으로 온라인에서 설문조사를 해 100~300명을 조사하는데, 조사 설문지 작성과 조사 결과 분석은 외부 조사업체의 전문적인 기술에 의존하는 것이 아니라 회사 내부에서 자체적으로 실행했다.

끊임없는 자기혁신을 통해 과거와 결별하라

끊임없는 변화와 자기혁신을 거듭하는 회사는 성장을 거듭하고 있는 반면, 변화와 자기혁신에 실패하는 회사는 차츰 쇠퇴할 수밖에 없다. 그런데 많은 기업이 빠른 대응과 자기혁신을 하지 못해 무너지고 만다.

대표적인 사례로 코닥을 들 수 있다. 코닥은 130년이라는 오랜 전통을 지닌 일등 기업이었다. 특히 필름시장에서는 세계시장의 3분의 2를 점유할 정도로 절대적인 강자였다. 그리고 1975년에는 디지털카메라를 전 세계에서 가장 먼저 개발하기도 했다. 하지만 자사가 일등을 하고 있는 필름시장에서 상당한 자기잠식이 우려됐기 때문에 디지털카메라를 출시하지 않았다. 그런데 1981년에 소니가 디지털카메라를 먼저 출시하였고, 2000년도에 디지털카메라가 보급되면서 필름시장은 점차 쇠퇴 일로를 걷게 되었다. 이로 인해 코닥은 큰 어려움에 직면

했다. 자기혁신과 자기변화를 못한 뼈아픈 결과다.

노키아도 코닥과 비슷한 경우라 할 수 있다. 노키아는 애플이 2007년 아이폰을 출시하기 3년 전에 이미 스마트폰을 개발했지만 기존에 노키아가 일등을 하고 있는 휴대폰 시장이 잠식되고 타격받을 것을 우려해서 개발을 중지했다. 하지만 애플이 아이폰을 출시해 시장을 장악하자 노키아는 부진에서 벗어나지 못하고, 결국 마이크로소프트에 인수되는 신세가 되었다.

휴렛팩커드 역시 마찬가지다. 휴렛팩커드는 과거 컴퓨터와 프린트 시장에서 절대적인 강자였다. 하지만 스마트폰과 태블릿PC가 등장하면서 고전을 면치 못하고 있다. 모바일 시대에 맞는 제품을 개발하지 못했던 게 오늘날 어려움을 겪는 주요 원인이라 할 수 있다.

반면에 몇몇 회사들은 변화와 혁신에 성공해 성장을 거듭하고 있다. 오늘날 전 세계에서 가장 브랜드 가치가 높은 회사 중 하나는 애플이다. 애플 신화의 시작점은 아이맥이다. IBM에 개인용 PC시장을 빼앗기고 마이크로소프트의 윈도우 95 출시로 애플은 점차 도산위기에 빠져들었다. 하지만 1997년 스티브 잡스를 구원투수로 영입하면서 애플은 변신을 시작했다. 사용자 편의성을 강화해 누구고 쉽게 컴퓨터를 이용할 수 있게 만든 아이맥의 성공으로 기사회생한 애플은 이후 아이팟, 아이폰, 아이패드, 아이클라우드 등 지속적인 혁신을 통해서 전 세계에서 가장 브랜드 가치가 높은 회사로 우뚝 섰다.

오늘날 삼성전자가 전 세계 스마트폰 시장에서 애플과 자웅을 겨루는 엄청난 회사가 된 것 역시 발 빠른 대응으로 경쟁력을 유지했기 때문이다. 애플의 아이폰이 뜨자 삼성전자는 갤럭시라는 신규 브랜드를 런칭하면서 전사 차원에서 신속한 변화와 혁신을 단행했다. 가전업체에서 삼성전자와 한때 쌍벽을 이루었던 LG전자 역시 스마트폰 시장에 뛰어들었지만 대응이 늦어 삼성전자에 뒤처지게 되었다. 이는 초경쟁 시대에 있어 신속한 대응이 시장의 경쟁력을 유지하는 데 얼마나 중요한지를 잘 보여주는 사례다.

인터넷 서점에서 시작한 아마존 역시 끊임없이 새로운 비즈니스 모델을 창출해 지난 10년간 10배가량 성장했다. 그 결과 아마존은 인터넷 서점이라는 이미지에서 벗어나 종합유통, 전자기기, IT 서비스 등으로 사업영역을 확대했다. 아마존이 개발한 전자책 단말기인 킨들은 오늘날 전자책 시장에서 폭발적인 성장을 견인하고 있다. 나이키 또한 혁신을 통해 제품의 부가가치를 높였다. 나이키는 조깅화 깔창 아래에 소비자의 운동기록을 스마트폰 PC에 자동적으로 저장할 수 있는 칩을 부착한 나이키플러스라는 신제품을 출시했는데, 이 제품은 스포츠에 정보와 통신기술, 즉 ICT를 융합한 사례이다.

위 사례들에서 알 수 있듯이 끊임없는 창조정신과 시장의 변화에 능동적으로 대응하는 자세는 기업의 생존에 무엇보다 중요하다.

과거와 결별하는 자기혁신의 역사

혁신적인 변화를 유도해서 성공한 대표적인 사례로 듀폰을 들 수 있다. 듀폰의 200년 역사는 과거와 항상 결별하는 변화 과정의 역사였다. 1802년 화약제조업체로 출발해서 미국 최초로 화약제조를 했으며, 1940년에는 세계 최초의 합성섬유인 나일론을 개발해 세계적인 화학·섬유기업으로 우뚝 섰지만, 2004년에는 핵심사업이라 할 수 있는 섬유사업을 매각했다.

그리고 1998~2004년까지 600억 달러의 인수합병을 단행하기도 했다. 특히 2004년에는 77억 달러에 '파이오니어'라는 종자회사를 인수해 가뭄에 잘 견디는 옥수수, 병충해에 내성을 지닌 옥수수를 개발해서 식품사업에 참여했다. 21세기에는 식량사업이 하나의 무기가 될 수 있다는 가능성을 보고 과감하게 뛰어든 것이다. 그 결과 2007년 농산 식품 분야의 매출을 68억 달러까지 올릴 정도로 성장할 수 있었다.

오늘날 듀폰은 '화학·섬유 분야 세계 1위 제조업체'라는 타이틀을 과감하게 벗어던지고 농업과 생명공학에 집중하는 글로벌 기업으로 탈바꿈하고 있다. 3세기에 걸친 듀폰 변신의 힘은 '과학 역량'이다. 듀폰은 과학 역량을 강화해 혁신적인 제품으로 새로운 시장을 창출해나가는 것이다.

듀폰은 전 세계 150곳의 연구개발[R&D]센터에 1만여 명의 과학자와 엔지니어 등을 보유한 인재의 보고로, 매년 22억 달러를 투자하고 있다.

주력사업을 매각하고 새로운 분야에 뛰어들기는 쉽지 않다. 하지만 듀폰은 이러한 과감한 결정을 내리는 데 주저하지 않는다. 듀폰의 코넬리 부회장은 "듀폰은 현재의 성장에 안주하지 않고 미래 성장전략과 맞지 않는 사업부는 과감하게 정리하는 전통을 갖고 있다. 이는 혁신을 통해 새로운 가치를 창출할 수 있는 사업에만 집중하기 위한 결단"이라고 말한다.

2

경쟁력을 높이는 핵심역량 개발

2

경쟁력을 높이는 핵심역량 개발

자사만의 핵심역량을 보유하라

핵심역량은 기업의 내부에 공유된 기업 특유의 총체적인 능력이나 기술을 말하는데, 특정기업이 보유하고 있는 우월적인 내부역량이며, 타사들이 쉽사리 흉내 낼 수 없을 정도로 차별화되고 독특한 것으로 미래성장의 견인차 역할을 한다. 따라서 경쟁자가 쉽게 모방할 수 있는 것은 핵심역량이라 할 수 없다.

핵심역량을 소유한 기업은 신규 경쟁자에 대해서 강력한 우위를 갖는다. 또한 핵심역량은 고객의 가치 증대에 크게 기여하고, 이러한 핵심역량을 이용하여 관련 혹은 비관련 분야로 다각화의 기회를 마련할 수 있다.

특히 중소기업의 경우 자사만의 차별화된 기술로 만든 제품의 품질이 우수해야 글로벌 시장에서 경쟁력을 가질 수 있다. 또한 경기가 아무리 나빠도 불황이 닥치더라도 기술력 향상을 위해 끊임없이 투자를 해야 차별화된 그리고 소비자에게 신뢰를 주는 품질력을 유지할 수 있다. 특히나 해외시장의 경우 품질이 뒷받침되지 않으면 재구매가 일어나지 않기 때문에 오래 버틸 수가 없다.

핵심역량 사업에 투자의 집중도를 높이려면 잘하는 한 가지에 전력을 집중하는 것이 좋다. 요즈음처럼 전문화된 시대에는 이것저것 다 잘하려고 노력할 필요가 없다. 영어는 잘하는데 중국어와 일본어가 부족하다고 중국어 학원도 다니고 일본어 학원도 다니면 셋 중 어떤 언어도 특별한 경쟁력을 갖추지 못한다. 차라리 잘하는 영어에 더욱 집중해서 영어만큼은 누구에게도 뒤지지 않는 탁월한 실력을 갖추어야 한다.

자신의 약점을 보완하려 하기보다는 자신의 강점을 더욱 강하게 해서 한 분야의 최고가 되는 게 훨씬 낫다는 얘기다. 농구, 배구, 축구 다 잘하는 사람은 동네에서는 인기가 있을지 몰라도 세계적인 선수가 되기는 어렵다. 이것저것 조금씩 잘하는 팔방미인은 경쟁력이 없기 때문이다. 김연아, 타이거우즈, 마이클 조단처럼 자신이 강점이 있는 분야에서 확실하게 일등을 하는 전문가가 되어야 한다.

기업도 마찬가지다. 자사가 잘할 수 있는 것을 더욱 강하게 키우고 부족한 것은 외부에서 조달하는 편이 훨씬 경제적이다. 개발에서부터 생산설비, 판매조직에 이르기까지 다 갖추고 사업을 하려 하면 비효율적일 뿐만 아니라 투자 위험도 커진다.

과거에는 기술개발, 영업, 생산설비, 서비스 등 모든 분야에서 일등을 해야만 했지만 이제는 한 분야에서만 잘하면 된다. 기술력이든 마케팅력이든 아니면 유통력이든 어느 한 분야에서 탁월한 경쟁우위 요소가 있으면 시장에서 생존할 수 있다. 나머지는 해당 분야 선두기업에서 조달^{아웃소싱}하면 된다.

아웃소싱은 기업에 많은 이익을 가져다준다. 경기 변동에 탄력적으로 대응할 수 있고, 고정비 절감효과도 얻을 수 있으며, 사회 전체적으로 다양한 비즈니스 서비스 사업을 육성할 수 있다. 기업들의 아웃소싱으로 마케팅, 물류, 인사, 서비스 등의 분야에서 새롭게 사업기회가 생기고 수많은 전문기업들이 등장한다. 판매 인력 아웃소싱을 통해 비용절감을 꾀할 수도 있다. 일례로, 기업의 사활이 걸린 신제품을 개발해 대대적인 판촉에 나설 때 가장 절실한 것은 우수한 판촉 사원이다. 이때 유능한 판촉 사원을 영입하는 것보다 판촉 전문 업체에 의뢰해서 필요한 인력만 아웃소싱하면 훨씬 효과적이다. 이뿐만 아니라 경제 불황으로 기업 구조조정이 본격화되자 그동안 가장 중요하게 여겨왔던 영업부서를 없애고 아웃소싱하는 업체도 늘어나고 있다.

아웃소싱의 판단 기준은 수익성이다. 시장에서 경쟁관계 업체라도 필요하다면 손을 잡는다. 내부적으로 불필요한 부분은 과감히 잘라내고, 인력이나 자금 등 모든 자원을 핵심역량에 집중해야 한다. 기업의 경쟁력 강화를 위해서는 수익성을 기준으로 핵심역량과 비핵심역량을 명확히 구분하고, 비핵심역량

중에서 버려야 할 것과 어떤 부분을 아웃소싱할 것인지 냉철하게 판단해야 한다. 하지만 너무 무분별하게 아웃소싱을 시도하면, 장기간 축적해온 기업 자산과 역량을 한순간에 날려버릴 수 있다는 사실을 잊지 말아야 한다.

기술과 품질로 세계시장 장악

홍진HJC

2013년 현재 전 세계에서 판매되는 오토바이용 헬멧의 18%를 생산하는 홍진HJC은 전 세계 오토바이용 헬멧 시장점유율 1위를 자랑하는 '히든챔피언'이다. 2위인 이탈리아 놀란은 8%에 불과하다. 미국에서는 1992년 세계 시장점유율 1위를 달성한 이래 무수한 글로벌 경쟁자를 물리치고 21년째 점유율 1위를 유지하고 있으며, 유럽에서는 놀란에 이어 2위다.

홍진HJC가 오늘날 이런 명성을 얻게 된 데는 끊임없는 연구개발 노력이 뒷받침되었기 때문이다. '연구하지 않는 기업은 살아남을 수 없다'는 홍완기 회장의 경영철학에 따라 매출액의 10%가량을 연구개발비로 재투자하고 있다. 또한 국내 헬멧 제조기업 중 유일하게 자체 연구소를 갖고 있으며, 국내외에 등록 및 출원한 헬멧 관련 특허 수가 60개가 넘는다.

1971년 오토바이 내장재를 생산하면서 시작된 홍진기업은 1974년 서울헬멧을 인수해 '크라운'이라는 자체 브랜드 헬멧을 만들었다. 성능에 대한 평가가 좋았고, 기술개발 및 생산 공정 효율화 노력을 계속해 1982년에는 국내 헬멧 시장의 70%를 차지하며 1위로 부상했다. 이후 미국 시장을 공략했지만 바이어들의 평가는 냉혹했다. 서양인의 머리에 맞지 않는 모양과 사이즈, 규격에 못 미치는 무게와 강도 등을 이유로 홍진HJC 헬멧은 저급한 제품으로 취급되었다. 하지만 홍진HJC는 이에 굴하지 않고 품질로 정면 돌파했다. 1984년 미국연방교통부DOT 헬멧 규격 인증 획득에 성공했고, 2년 뒤인 1986년에는 DOT보다 더 엄격한 안전규격인 스넬SNELL 규격 인증을 획득했다.

홍진HJC 헬멧에 대한 인식이 좋아지면서 서서히 판매가 늘어나기 시작했고 세계시장점유율은 10%까지 높아졌다. 그러자 세계적인 유통망을 갖춘 업체로부터 OEM 방식으로 50만 달러 상당의 제품을 공급해달라는 요청을 받았다. 하지만 홍진HJC는 OEM 업체로 전락해버리면 자체 브랜드를 키울 수 없다는 판단에 이를 과감하게 거절했다.

그리고 해외 경쟁사들을 뛰어넘기 위해 플라스틱 헬멧 개발에 도전해 플라스틱의 단점을 보완한 엔지니어 플라스틱 개발에 성공했다. 이 같은 연구개발의 성과로 1992년 12월, 미국 최고 권위 오토바이 전문 잡지인 〈모토사이클 인더스트리〉에서 북미 지역 헬멧 부문 1위로 선정됐고, 이후 1위 자리를 계속 유지하고 있다.

2010년에는 프리미엄 브랜드인 '알파' 제품을 출시해 '알파-

10’이 독일 오토바이 잡지 〈모토라드 MOTORRAD〉가 실시한 품질 평가에서 1위에 올랐고, 2012년 출시된 ‘알파-10’의 후속 모델인 ‘알파맥스’도 좋은 반응을 얻고 있다. 알파 헬멧은 항공기에 쓰이는 소재와 비슷해 가볍고 탄탄하다. 또한 중국의 저가제품에 대응하기 위해 저가형 브랜드인 ‘박스’도 새롭게 출시했다.

가격경쟁력을 높이기 위해 프리미엄 라인은 한국에서 만들고, 나머지 제품은 중국과 베트남에서 생산하고 있다. 홍진 HJC는 헬멧에 대한 수요가 꾸준할 것으로 판단해 다른 사업에서 신성장동력의 기회를 찾기보다 앞으로 더 성능 좋은 헬멧을 만들기 위해 신기술을 끊임없이 개발하며 노력하고 있다.

핵심역량으로 새로운 가치를 창출하라

기업은 여러 가지 역량을 갖추고 있어야 하는데, 그 가운데 다음 네 가지 역량은 비즈니스의 경쟁력을 결정하는 역량이다. 이런 역량은 기업이 장기적으로 성공을 거두는 데 큰 영향을 미친다.

- 고객가치를 창출하는 데 필수적이며 차별화된 역량
- 업계 내 모든 기업의 역량이 비슷해 차별화된 것은 아니지만 가치 창출에 필수적인 역량
- 경제적 가치를 창출하지 않을 뿐 아니라 차별화되지도 않는 역량
- 가치 창출은 제한적이지만 독자적으로 보유할 필요가 있는 역량

위 네 가지 가운데 첫 번째 역량을 핵심역량이라 할 수 있다. 핵심역량은 고객에게 경제적인 가치를 주되 경쟁사와 확실하

게 차별화되는 역량이다. 이를 찾아내기 위해서는 내부에서 집
중적으로 대화를 나눠볼 필요가 있다. 조직 구성원이 함께 고
민하다 보면 무엇을 핵심역량으로 삼을지, 어떤 분야와 핵심역
량이 연결되는지, 핵심역량 중에서 새로운 방식으로 강화해야
할 것은 무엇인지 등에 대해 방향을 잡을 수 있을 것이다.

핵심역량으로 새로운 가치 창출
송학식품

강한 핵심역량으로 새로운 가치를 창출한 대표적인 중소기
업으로 송학식품을 들 수 있다. 쌀국수, 쌀떡볶이 등을 만드는
송학식품은 40여 년의 전통을 자랑하는 종합식품회사다.

처음 서울 신길동 신남시장에서 국수기계 한 대로 사업을 시
작했는데, 이때 판로 개척의 일등공신은 맛과 신뢰였다. 일단
국수에서 성공 기반을 다진 이들은 사업 안정화를 위해 떡국용
쌀떡 개발에 나섰다. 가래떡도 국수처럼 간편하게 조리할 수
있도록 만들어보자는 아이디어를 살린 것이다. 그러나 당시 방
앗간에서 뽑은 가래떡에 길들여져 있던 상인들은 상품으로 제
조된 떡국용 쌀떡에 별다른 반응을 보이지 않았다. 성호정 회
장은 고심 끝에 매일 새벽 가래떡 제품과 설탕을 들고 상인들
을 찾아다녔다. 새벽에 가래떡으로 빈속을 달랜 상인들은 송학
식품의 가래떡 맛을 인정했고 이것이 입소문을 타면서 떡국용

쌀떡은 시장에 안착할 수 있었다.

떡국용 쌀떡이 성공할 수 있었던 또 다른 이유는 유통기한을 획기적으로 늘리는 기술을 개발했기 때문이다. 쌀떡은 국수와 달리 어느 정도 수분 상태를 유지해야 하므로 유통기한이 고작 2, 3일에 불과했다. 송학식품은 이 문제를 해결하기 위해 연구개발에 매달린 끝에 방부제를 쓰지 않고도 유통기한을 늘릴 수 있는 '주정살균법'을 국내에서 처음으로 개발했다. 이것은 술의 원료인 주정을 제품에 뿌려 살균과 방부 효과를 얻는 기술인데, 이를 통해 유통기한을 2개월로 늘일 수 있었다.

시장 변화도 송학식품이 새로운 발판을 마련하는 데 큰 도움을 주었다. 1980년대에는 쌀 부족을 해소하기 위해 정부에서 통일벼 생산을 적극 장려하기까지 했는데, 1990년대 들어서면서 오히려 쌀이 남아돌아 정부는 창고에서 썩어가는 쌀 때문에 해결책을 찾기 위해 골머리를 앓았다. 송학식품은 이런 상황에 발 빠르게 대응해 쌀국수를 개발했다. 그때까지만 해도 고정관념으로 자리 잡았던 '국수는 밀가루로 만든다'는 인식을 깨뜨리고 쌀국수를 만들어 새로운 전기를 마련한 것이다. 이러한 공로를 인정받아 송학식품은 예비군 훈련장을 시작으로 육군, 해군, 공군에까지 쌀국수를 납품할 수 있었다.

신제품이 시장에 성공적으로 안착하면서 판매량은 갈수록 늘었다. 하지만 송학식품은 쌀떡을 이용한 신제품 개발에 몰두했다. 이때 그들이 주목한 것은 아이들이 간식으로 즐겨 먹는 떡볶이였다. 쌀로 떡볶이를 만들면 그 특유의 쫀득함 때문에 시간이 지나면 푹 퍼져버리는 밀가루 떡볶이의 단점을 상쇄할 수 있을 거라 판단했기 때문이다. 결과는 대박이었다. 송학식품이 쌀떡볶이를 출시한 이후 시장의 90% 이상을 차지하던 밀가루 떡볶이가 거의 자취를 감출 정도였다. 이후에도 연구를 계속한 송학식품은 '꼬마 쌀떡볶이'를 상품화했고 이어 조랭이 쌀떡볶이, 구멍 난 쌀떡볶이 등을 지속적으로 개발했다. 현재 송학식품은 계속해서 떡 제품을 주력으로 삼는 한편 냉면, 쫄면, 만두 등을 다양한 채널에서 판매하기 위한 연구개발도 게을리하지 않고 있다.

이처럼 시장의 흐름과 소비자의 목소리를 살피고 자사의 핵심역량으로 새로운 아이디어 및 가치를 창출했을 때 그 기업은 탁월함을 만들어낼 수 있다.

사업 초창기의 차별적 가치를 지속 강화시켜라

중소기업은 대개 기술이나 아이디어를 바탕으로 설립된다. 이때 기존 시장에서 볼 수 없었던 차별적 가치를 창출하는 데 성공하면 그 기업은 차근차근 성장 일로를 걷는다. 하지만 점차 조직 규모가 커지면 여러 팀이 구성되고 재능이나 강점, 약점의 차이가 두드러지면서 초기 조직의 모습은 거의 사라지는 경우가 많다. 그러면 창업 당시 가지고 있던 차별적 가치를 잃거나 정체 상태에 빠져 성장이 멈추고 이익이 줄어들다가 결국 도산의 길을 걷고 만다.

선스트림Sun stream의 사례는 이런 면에서 시사점을 던져준다. 선스트림을 창업한 켄은 뛰어난 엔지니어 출신으로, 창고 열림 버튼을 누르면 15초 만에 보트를 물에 띄울 수 있고 또한 물에서 끌어올릴 수도 있는 신개념 태양열 리프트를 개발했다. 이 리프트를 지역 보트 쇼에 출품했는데, 이것이 뜨거운 반응을 불러일으켜 주문이 넘쳐났다. 혼자서 회사 홍보, 판매채널 구축, 자금 조달, 그 밖에 여러 가지 업무를 처리하다 보니 엔지니어링에 투자할 시간을 거의 낼 수 없었다.

고심 끝에 켄은 영업 담당자를 비롯해 조립 및 장치 기술자, 엔지니어로 구성된 팀을 꾸려 그들에게 담당 업무를 일임했고 자신은 회사 전반을 살피는 데 주력했다. 회사는 엔지니어링 부서를 제외한 모든 곳이 원활하게 돌아갔다. 하지만 최고의 엔지니어인 켄이 경영에 신경 쓰느라 엔지니어링 부서를 살피지 못하자, 그가 몇 시간이면 처리할 수 있는 일도 며칠이 걸려서야 완성되었고 결과물도 그가 설계한 것만큼 만족스럽지 못했다. 결국 유능한 엔지니어 덕분에 탄생한 선스트림은 핵심 역량인 엔지니어링 분야가 힘을 쓰지 못하면서 더 이상 차별적 가치를 만들어내지 못했고 서서히 존립 가치가 약해졌다.

이처럼 회사가 지속적으로 성장하려면 회사의 정체성을 유지하고 초심을 잃지 말아야 한다. 그러기 위해서는 경영자의 역할이 매우 중요하다. 아무리 조직이 거대해지더라도 경영자는 비즈니스의 핵심을 그 어떤 것보다 잘 관리해야 한다.

마이크로소프트의 경우 거대 기업으로 거듭난 후에도 경영자인 빌 게이츠는 회사의 핵심인 소프트웨어 개발 감독을 게을리하지 않았다. 그는 개발과 관련된 자신의 의견을 소프트웨어 개발자들에게 이메일로 보내거나 질문을 던졌다. 빌 게이츠는 마이크로소프트의 차별적 가치를 만들어내는 핵심은 소프트웨어 개발이라고 판단했기 때문에 초심을 잃지 않기 위해 스스로가 중심을 지키고 지속적으로 관리했던 것이다.

마이크로소프트뿐만 아니라 성공한 대다수의 기업은 자사의 차별적 가치를 지속적으로 유지·발전시켰다. 한때 위기에 빠졌다가 아이팟으로 재기에 성공한 애플은 이후 아이폰, 아이패드 등을 통해 지속적으로 차별적 가치를 만들어내고 있다. 또한 170년의 긴 역사를 자랑하는 P&G 역시 크고 작은 어려움 속에서도 고객 니즈를 중심으로 제품을 개발·혁신하면서 꾸준히 차별적 가치를 만들어내고 있다.

과실농축기 세계 1위

스위스 부셔

스위스 강소기업인 부셔^{Bucher}는 200년 역사를 가진 글로벌 기업으로, 스위스, 프랑스, 독일, 스웨덴, 북미, 브라질 등지에 생산거점을 두고 있다. 부셔는 시골 대장간에서 시작되었는데, 현재 세계 과즙기 시장점유율 50%로 과즙기 부문 1위를 차지하고 있다. 과즙기뿐만 아니라 유리병 제조기, 농기계, 청소차 부문에서도 세계시장 상위권을 차지하고 있다.

부셔는 19세기 후반까지는 가내수공업과 수입제품 대리상에 불과했다. 하지만 1902년 세계 최초로 유압을 이용한 과실·포도 프레스기 생산을 시작으로 독자적인 기계 제작에 뛰어들었고, 1921년에 원심력을 이용한 프레스기인 '루나'를 생산해 유럽시장에서 크게 히트했다. 그 이후 연구개발에 더욱 박차를 가해 1965년에는 유압원리를 이용한 'HP5000'을 내놓았는데, 이 제품이 공전의 히트를 기록하며 세계 과즙 음료시장을 장악했다. 1986년에는 단순히 과실을 압착하는 것에서 한발 나아가, 필터를 이용해 1차 압착 후 발생한 과실의 섬유소나 불순물을 효과적으로 걸러내 더욱 많은 과즙을 짜낼 수 있는 보다 정밀해진 과실 농축기를 선보였다.

부셔의 과즙 프레스기는 뛰어난 성능을 바탕으로 시장을 장악했으며, 1986년 프랑스의 와인 프레스기 업체인 CMMC^{지금의} ^{Bucher Vaslin}를 흡수합병하며 세계 최대 와인 프레스기 업체로 올라섰다. 1990년에는 그동안 수작업으로 이뤄지던 포도알 분리 작업을 대신할 자동분리 공정을 개발함으로써 또 한 번 새로운 기술로 세상을 놀라게 했다. 2004년에는 역삼투압 방식을 적용해 과일 슬러지에서 더욱 정밀하게 과즙을 짜내는 기술을 개발했다.

2008년에는 세계 최대의 과즙음료 생산업체인 중국 산시 헹싱 프루트 주스^{Shaanxi Hengxing Fruit Juice} 사와 약 2,000만 달러에 이르는 계약을 체결했다. 중국에 프레스기가 대량으로 팔려 기술 유출이 염려될 법도 하지만, 부셔는 전혀 걱정하지 않는다. 장비가 워낙 복잡하고 기술 수준이 뛰어나 지금껏 복제품에 성공한 사례가 없었기 때문이다.

부셔의 과실섬유소 압착기술은 워낙 정밀하게 마지막 한 방울까지 짜내기 때문에 최근에는 음식물 쓰레기나 하수 슬러지 처리에 응용돼 환경보호에도 일조하고 있다. 또한 식품회사의 식품 건조나 제약회사의 약품 제조 시 수분 제거에도 널리 쓰인다.

우리나라 음료수와 통조림 회사에도 과즙 프레스기를 수출하고 있는데, 부셔는 활발한 M&A를 통해 사세를 더욱 확장하고 있다. 코트라KOTRA는 "우리도 단순히 소규모 내수나 수입상 활동에 만족하지 않고 과감히 자신만의 기술을 개발해 이를 적절히 마케팅으로 연결한다면 충분히 승산이 있다"고 말한다. 그리고 "어느 정도 사세를 키운 후 적절히 경쟁사를 M&A해 시장지배력을 확보한 점도 중요하다"고 덧붙인다.

특정 분야에서 고도의 기술력을 쌓아라

중소기업 가운데 특정 분야에서 시장 경쟁력을 확보한 기업들의 공통점은 해당 분야의 전문 기술을 가지고 있으며, 그 기술을 활용해 고객 니즈에 맞는 제품을 개발했다는 점이다. 이런 기업의 창업자들은 대개 두 가지 유형으로 특정 분야를 선택한다. 수많은 시행착오를 통해 특정 분야에서 전문기술을 습득하거나 우연찮게 특정 분야를 선택해 집중적으로 기술 경쟁력을 쌓는다.

어떤 유형으로 특정 분야를 선택하든 중소기업의 선택과 집중은 매우 중요한 부분이다. 적정한 사업 분야를 선택해야 그 분야에서 지속적인 학습이 가능하고, 또한 학습을 통해 기술적인 문제에 대해 해결 능력을 얻을 수 있다.

특정 분야에 집중해 고도의 기술력을 쌓은 중소기업은 그 기술력을 기반으로 까다로운 시장의 요구에 신속하게 대응해 신뢰를 쌓는 동시에 안정적인 성장을 이룰 수 있다. 결국 특정 분야에 역량을 집중하는 '장인 기업'은 내부의 지식 역량을 극대화할 수 있다는 얘기다. 나아가 제품의 뛰어난 품질과 차별적인 기술력, 장인 기업 특유의 품질과 기술에 대한 자부심은 치열한 경쟁 환경에서도 지속경영을 가능하게 해주는 원동력이된다. 여기에 대규모 수요처만 확보되면 중소기업도 충분히 강점을 안고 성장을 지속할 수 있다.

중소기업은 모든 분야에서 잘하기보다 특정 분야에서 탁월함을 갖춰 경쟁우위를 차지하도록 노력해야 한다. 대기업처럼 가치사슬 전반에 걸쳐 경쟁력을 확보하고 완제품을 생산해 시장에서 브랜드를 구축하려면 많은 노하우와 자금이 필요하다. 게다가 실패 위험도 크다. 그러므로 중소기업은 특정 사업 분야에 집중해 꾸준히 노하우를 쌓고, 특정 시장의 문제를 신속 정확하게 해결해주는 기술과 빈틈없는 운영체계로 높은 품질의 제품을 합리적인 가격으로 공급하면 경쟁우위를 확보할 수있다.

타협하지 않는 장인정신은 장수의 원천이다
명화금속

명화금속은 '나사'라는 특정 시장을 집중 공략하는 동시에 지속적으로 기술 개발에 집중해 성공을 거둔 기업이다. 경기도 시화공단에 위치한 명화금속은 세계 최대의 직결나사 생산업체로 연간 약 60억 개의 나사를 생산하고 있다. 세계 인구수와 맞먹는 엄청난 양이다. 명화금속은 나사 분야에서 세계 시장점유율 5%를 차지하고 있으며, 독일, 일본, 중국, 영국, 미국 등 30여 개 나라에 제품을 수출하고 있다. 회사 규모는 작지만 나사 기술은 세계가 알아줄 정도로 알짜기업이다.

명화금속은 1961년 서울 당산동에서 직원 여섯 명으로 사업을 시작했다. 당시에는 주로 나사를 깎고 기계나 깡통을 생산했다. 이후 자전거용 나사를 생산하면서 나사 전문 기업으로 거듭났다.

명화금속 임정환 사장의 기술 개발에 대한 남다른 집념 덕분에 1973년 국내 처음으로 블라인드 리벳을 자체 개발했다. 리벳은 철판에 구멍을 뚫고 나사를 삽입한 다음 반대편을 두들겨 접합하는 방식을 말하는데, 블라인드 리벳은 못과 리벳을 접합해 반대편에서 두들기지 않아도 시공이 가능하도록 설계한 것이다. 블라인드 리벳은 철구조 건축은 물론 산업기기 조립 분야 전반에 다양하게 적용되고 있다. 그리고 1980년에는 국내 최초로 직결나사를 자체 개발해 건설현장에 새바람을 일으켰다.

건물을 지을 때 과거에는 H빔과 패널 사이에 중간재를 대고 여기에 모두 구멍을 낸 뒤 볼트와 너트로 조립해서 접합시켰다. 그러나 명화금속에서 고안한 나선형 구조의 직결나사를 사용하면 중간재 없이 나사를 이용해 H빔과 패널을 접합시킬 수 있다. 나선형 구조 덕분에 쇳밥이 곧바로 외부로 배출되는 것은 물론 중간재 없이 빠르게 접합이 가능해지면서 공정이 종전보다 절반 이하로 감소하는 효과가 나타났다. 명화금속의 제품은 미국 등 기계 선진국들이 개발한 직결나사보다 품질이 훨씬 뛰어난 것으로 평가받고 있다.

임정환 사장은 늘 기술을 연구하고 학습에 매진한다. 그가 직접 개발해서 등록한 나사 관련 발명특허만 해도 170여 건에 이른다. 또한 명화금속의 제조설비는 분당 1,000개의 나사를 만들 수 있는데, 일본 등 선진국의 제조설비가 분당 180~200개인 것을 고려하면 대단한 생산성이다. 이것은 지속적인 품질 개발과 연구를 통한 기술 개선 덕분이다.

전사적으로 내부 기술 축적 체제를 구축하라

장수하는 기업이 되려면 기업 내부에 기술을 축적하고 발전시킬 수 있는 체제를 구축해야 한다. 만일 시행착오를 통한 학습이 조직 구성원 개개인의 지적 능력 향상에 그친다면 조직적인 지식 축적과 업그레이드를 기대하긴 어렵다. 지식을 조직 전체가 공유하기 위해서는 이를 조직 내부에 내재화시켜야 한다. 내재화 작업은 다음 다섯 가지 방법으로 이뤄진다.

첫째, 기술 표준화 작업에 집중한다.

표준화란 개념, 절차, 순서, 사물 등에서 최선의 기준이나 규격을 발견해 통일화하는 것을 말한다. 이는 경영 효율화를 위해 매우 중요한 작업인데, 표준화 활동으로 만들어진 지식은 조직을 지탱하는 토대가 된다. 예를 들어 기술 표준화는 제품과 부품 구조의 표준화가 선행되어야 한다. 만약 생산되는 제품 종류마다 제품 구조나 부품 배치가 다르면 아무리 뛰어난 생산 시스템을 갖출지라도 라인 변경에 따른 제품 설계 변경이나 생산라인 공정 변경이 불가피하다. 이는 당연히 생산성 하락과 품질 저하로 이어진다.

둘째, 설계기준을 만들고 이를 통해 엔지니어링 체크리스트를 만든다.

설계기준은 설계순서와 그 결과의 적합 여부를 판정하는 기준을 말하며, 이 판정 기준을 리스트업해서 표로 만든 것을 '엔지니어링 체크리스트'라고 한다. 제품의 설계순서와 설계할 때 고려한 부분들을 체크리스트로 작성하면 생산, 제조 등과 관련해 조직의 학습 능력을 높일 수 있다. 가령 어떤 작업자가 기존에 알지 못했던 문제와 해결 방법을 터득했다면 그 지식을 체크리스트에 넣은 다음 그것을 전체 조직구성원이 공유해 모든 제품에 적용한다. 이 방법은 지식이 개인 소유로 그치는 것을 막고 지식을 조직적으로 전파해 적용할 수 있게 해준다. 셋째, 기술지식 관리 시스템을 구축한다.

기술지식 관리란 생산기술 요건, 기술표준, 설계표준, 기술보고서, 개발원가, 설계 우수사례, 설계 불량사례 등의 자료를 관리하는 것을 의미한다. 개발자나 설계자가 개별적으로 관리해온 기술지식을 기술지식 관리 시스템을 통해 관리하면 암묵지학습과 체험을 통해 개인에게 습득돼 있지만 겉으로 드러나지 않은 상태의 지식가 형식지암묵지가 문서나 매뉴얼처럼 외부로 표출돼 여러 사람이 공유할 수 있는 지식로 전환돼 기술이 계승되고 이는 제품 개발 역량을 향상시킨다. 기업들은 보통 PDM^{Product Data Management, 제품정보 통합관리} 혹은 PLM^{Product Lifecycle Management, 제품 수명관리} 솔루션을 사용해 기술지식을 체계화하고 있다. 최근에는 PDM 솔루션 가격이 많이 낮아졌으므로 중소기업도 활용해볼 만하다.

넷째, 생산기술보다 제조기술 발전에 집중한다.

자금이 풍족하지 못하고 원천기술도 빈약한 중소기업은 자체 제품 없이 하청을 받아 부품을 생산하는 경우가 많다. 이런 기업은 생산기술보다 제조기술에 역량을 집중해야 한다. 생산기술이 공장의 레이아웃과 공정설계처럼 '물건을 흐르게 하기 위한' 기술이라면 제조기술은 '물건을 만들기 위한 기술'이라 할 수 있다. 제조기술은 신규 설비를 들여오거나 뛰어난 엔지니어를 채용하는 것으로 향상시킬 수 있는 부분이 아니다. 제조기술은 어디까지나 현장 실무자 전체가 개선 활동에 참여해야만 발전하고 진화한다. 그리고 생산 현장에서 축적된 전문 제조기술은 어떤 경쟁사도 따라오기 힘든 중요한 경쟁력으로 작용한다.

다섯째, 양질의 노동력이 제조기술의 향상을 이끌어내고 이것이 중소기업을 자생시킨다는 것을 기억한다.

중소기업은 여러 가지 악조건을 감수해야 하는 상황에 처하는 경우가 많기 때문에 제조기술 개발과 개선을 지속적으로 이루어내기가 어렵다. 그렇다 하더라도 숙련공들이 솔선수범해 제조기술을 개발하고 개선할 수 있는 분위기를 조성해야 한다.

비용 때문에 임시직, 일용직, 비정규직, 외국인 근로자들을 채용해 노동의 질보다 양으로 생산 현장의 문제를 해결하려 하면 제조기술은 오히려 퇴보하고 만다. 이는 결국 기업의 기술 저하와 품질 저하로 이어져 존폐의 위기에까지 내몰리는 결과를 낳는다.

시장 친화적인 기술력 유지

아이코스비전

아이코스비전은 벨기에의 대표적인 강소기업이다. 반도체 영상검사 장비를 생산하는데, 우리나라의 삼성전자와 하이닉스반도체를 비롯해 인텔, 마이크론테크놀로지 등 세계적인 반도체 업체들에 장비를 납품하며 전 세계 반도체 영상검사장비 시장의 70%를 점유하고 있다. 세계 최고의 반도체 기업인 인텔이 1만 5,000여 개의 장비·부품 납품회사 중 최고의 기술력을 갖춘 기업에만 수여하는 '협력업체 품질 대상'을 2005년과 2006년 2년 연속 수상할 만큼 뛰어난 기술력을 인정받고 있다.

아이코스비전의 성공적 경영 비결로 다음 세 가지를 꼽을 수 있다.

첫째, 시장친화적 기술력을 유지한다.

반도체 장비 업계는 경쟁이 매우 치열하다. 특히 웨이퍼에 반도체를 제작하는 전前공정에 비해 성능 테스트, 패키징 등 후

後공정 분야는 기술력이 떨어져 상대적으로 진입 장벽이 낮아 한순간만 방심하면 도태되기 쉽다. 후공정 분야에 해당하는 영상검사장비를 만드는 아이코스비전은 매년 매출의 15~18%를 R&D에 투자해 기술력을 유지하고 있는데, 기술력의 근본 힘은 '시장을 이해하는 기술'에서 나온다. 아이코스비전은 연구원들이 시장을 이해할 수 있도록 마케팅 회의에 참석시키고, 인텔이나 삼성전자 등 납품업체에도 정기적으로 방문해 고객의 요구사항을 파악한다. 카를 스메츠 R&D 담당이사는 "고객과의 상시적인 교류의 결과를 즉각 R&D에 반영하는 시스템이 우리 회사 기술 경쟁력의 비결"이라고 강조한다.

둘째, 선택과 집중 전략으로 틈새시장을 공략한다.

1982년 설립 이후 몇 년간 아이코스비전은 다양한 검사 장비를 생산했다. 하지만 만족할 만한 수익이 나지 않자 1985년 반도체 검사장비 분야를 집중적으로 육성했고, 이듬해 세계 최초로 반도체 후공정의 몇 가지 검사 기능을 통합한 장비를 개발하는 데 성공해 세계 반도체 시장에서 주목받기 시작했다. 앞으로 반도체 시장이 폭발적으로 성장할 것을 예상해 관련 장비 시장에 회사의 역량을 집중한 것이 성장의 기폭제가 되었다. 그리고 독일의 집적회로^{IC} 검사 장비 생산업체인 큐텍을 인수하는 등 1990년대 후반부터 우수한 기술력을 갖고 있는 관련 업체들을 인수해 외형을 키운 것도 주효했다.

아이코스비전은 틈새시장을 공략해 최고의 자리를 지키고

있다. 인수합병을 통해 전 공정 장비 분야로 사업을 확장할 수
도 있었지만 큰 시장으로 함부로 뛰어들기보다는 작은 틈새 시
장에서 확실한 강자가 되는 것이 규모가 작은 기업에는 더 중
요하다고 판단했기 때문이다.

 소비자 라이프스타일에 부합하는
핵심역량을 키워라

건강, 환경, 편의성, 안전, 즐거움 등을 중요시하는 소비자 라이프스타일 트렌드는 동서고금을 막론하고 모든 인간이 추구하는 본질적인 욕구에서 비롯된다. 따라서 기업은 중장기적으로 건강이나 환경, 안전, 편의성, 즐거움 등과 관련된 핵심역량을 개발·육성해야 하고, 이러한 핵심역량을 통해 신규 사업을 추진하거나 신제품을 출시해야만 보다 높은 성장을 이룰 수 있다.

불경기에도 홍삼이 잘 팔리고, 건강 관련 방송 프로의 노출이 많아지면서 몸에 좋은 식품에 대한 사람들의 관심이 높아지고 있다. 가전 제품도 이제는 경쟁사별로 기술이나 품질의 차이가 크게 없고, 건강가전에 대한 관심이 높아지면서 건강이 가전제품 선택의 중요한 기준이 되고 있다. 제주 올레길, 북한산 둘레길이 인기가 있는 것도 역시 건강을 중요하게 생각하기 때문이다. 한편, 사람들은 환경에 대해서도 관심이 높아지고 있다. 지구온난화, 이상 기후 현상에 대한 우려가 높아지면서 전기자동차, 전기이륜차, 환경에너지 등에 대한 관심이 많아지고, 환경이나 기후 관련 사업들이 미래 유망사업으로 예측되고 있다.

생활수준이 높아질수록 사람들은 편리하게 살기를 원한다. 그래서 스마트폰의 사용자가 짧은 시간에 급격하게 증가하였다. 스마트폰은 사람들의 일상생활을 아주 편리하고 빠르게 변화시키고 있다. 안전성에 대한 욕구도 누구나가 가지고 있는 욕구다. 불량식품이 많이 나오면서 안전한 식품을 찾는 욕구로 인해 유기농식품에 대한 관심이 높아지고 있고, 불안한 노후를 편안하게 보내기 위해 변액보험, 연금보험 같은 금융상품에 대한 관심이 많아지고 있다. 이처럼 건강, 환경, 안전, 편의성, 즐거움 등은 우리 인간이 가지고 있는 본질적인 욕구이며, 기업은 이러한 욕구에 부합하는 핵심역량을 키워야 강한 경쟁력을 갖을 수 있고, 이러한 핵심역량을 기반으로한 신규사업이나 신제품을 출시해야 중장기적으로 안정적인 성장을 이룰 수 있다.

하지만 이러한 소비자 라이프스타일 트렌드나 시장환경도 시대에 따라 그 욕구나 중요도가 달라지거나 변하게 됨으로 기업은 소비자들의 본질적인 욕구 변화와 시장 환경 변화을 항상 주의깊게 관찰하고, 그 변화에 발빠르게 대응하고 사업구조를 변화시켜 나가야 한다. 그리고 핵심역량이나 핵심기술도 거기에 맞게 강화시켜 나가야 한다.

시장의 변화를 빠르게 감지

씨에스윈드

　세계 1위 풍력타워 업체가 우리나라에 있다는 것을 아는 사람은 많지 않다. 씨에스윈드가 바로 그 주인공이다. 씨에스윈드는 연간 1,800개의 글로벌 풍력타워 생산기지를 통해 세계 유수의 프로젝트를 수행하고 있다.

　씨에스윈드는 사업 초기부터 글로벌 마케팅 전략을 펼쳤다. 씨에스윈드는 1989년에 (주)중산정공이란 사명으로 사업을 시작했다. 당시 이 회사는 화력발전소 굴뚝 등의 철 구조물을 제작·판매했고 한창 개발에 집중하던 사우디아라비아, 아프리카, 멕시코, 인도네시아, 스리랑카 등 해외 시장에 진출해 각종 대형 프로젝트를 도맡아 수행했다. 그런데 2000년대 들어서면서 철 구조물 산업은 급격하게 하향곡선을 타기 시작했다. 기반시설이 어느 정도 갖춰지면서 철 구조물에 대한 주문이 뜸해졌던 것이다. 설상가상으로 주요 시장이던 중국이 자체 철 구조물 생산 역량을 갖추게 되자 시장은 갈수록 줄어들었다.

　시장이 변화하고 있음을 직감한 씨에스윈드는 즉각 새로운 시장으로 눈을 돌렸다. 전공인 철 구조물 생산 능력을 살리면서 새로운 성장을 이끌어낼 수 있는 분야를 찾고자 했던 것이다. 그들이 발견한 것은 풍력발전 산업이었다. 시장 변화를 예의주시한 끝에 다음과 같이 날카로운 분석 결과를 도출했다.

"유가가 계속 급등하는 상황이므로 재생에너지 산업은 급성장할 수밖에 없다. 그중에서도 경제성이 떨어지는 태양광 발전이나 규제가 까다로운 원자력 발전과 달리 풍력발전의 성장 가능성은 폭발적일 것이다."

풍력발전의 경우 늘어나는 수요에 비해 공급이 턱없이 부족하다는 것을 발견한 씨에스윈드는 그 틈새시장으로 파고드는 데 성공했다. 덕분에 매출액은 2008년 300억에서 2010년 2,300억으로 급성장했다. 2006년 중산풍력을 설립한 뒤, 다음 해에 현재의 사명인 씨에스윈드로 변경했다.

어떤 일이든 마찬가지지만 가파른 성장은 그만큼의 성장통을 동반한다. 따라서 성공을 관리하는 것은 성공 단계로 진입하기 위해 애쓰는 것만큼이나 중요하다. 그동안 씨에스윈드는 중소기업 경영체제를 유지해왔기 때문에 또 다른 성장을 위해서는 대대적인 체질 개선이 필요했다.

먼저 이들은 당시 글로벌 기업에서 일하던 전문경영진을 영입해 여러 가지 조직개선 활동을 펼쳤다. 모든 업무 영역에 '린 식스시그마'Lean Six Sigma 같은 새로운 품질경영관리 시스템을 도입했다. 그리고 책임과 권한, 개선, 협의구조 등 모두 일곱 개 항목의 핵심 목표를 설정해 구축 활동을 전개했다. 여기에다 회사의 핵심 목표를 구체적이면서도 간단하게 작성해 CEO에서부터 현장 근로자에 이르기까지 전 사원을 상대로 6개월간 대대적인 교육을 단행했다. 또한 글로벌 기업으로서의 토대를 닦기 위해 모든 인사 및 조직관리 시스템을 글로벌 수준으로 끌어올렸고, 직원들끼리 주고받는 문서도 모두 영어로 바꾸는 등 기업 체질을 글로벌 기업으로 바꾸는 작업을 진행했다.

만약 씨에스윈드가 철 구조물 매출이 떨어지는 시점에서 시장 변화를 제대로 읽지 못했다면, 혹은 단순히 원가절감을 통해 철 구조물 시장 경쟁력을 높이려 하거나 낮은 수익성을 감내하는 저가 전략을 택했다면 오늘날과 같은 성과를 내기는 어려웠을 것이다. 씨에스윈드는 앞으로 프리미엄 가치와 서비스를 고객에게 제공하는 세계적인 재생에너지 회사로 거듭나기 위해 부단히 노력하고 있다.

 기존 상품의 불편함에서 핵심기술
아이디어를 찾아라

고객이 어떤 상품이나 서비스를 이용하면서 불편하게 느끼는 것은 고객 관점에서는 비용인 셈이다. 이러한 비용을 찾아서 없애거나 줄여주는 것들이 바로 성과를 높이는 혁신적인 핵심기술의 아이디어 원천이 된다. 이런 아이디어를 찾아내려면 다음 세 가지 관점으로 접근해야 한다.

도표 1

상품 / 서비스 / 업무 프로세스	상품/서비스/업무 프로세스 ···▶ 고객 Cost ↓
상품 형태	외관 등 지각할 수 있는 요소나 가능한 상품 형태 ···▶ 고객 편의성 ↑
사용 순서 / 방법	소비자의 사용 방법이나 순서 ···▶ 고객 편의성 ↑

첫째, 상품 또는 서비스가 가지고 있는 효능이나 효과는 그대로 이용하면서 불편하게 느끼는 것을 찾아서 없애준다.

한경희생활과학은 스팀청소기로 유명한데, 엎드려서 걸레질을 해야 하는 주부들의 불편함을 해소해 크게 성공한 바 있다. 그리고 커피 카페인이 걱정스러운 소비자를 위해 탄생한 디카페인 커피나 은행을 찾아가야 하는 불편함을 해소하기 위해 만들어진 은행의 온라인 계좌 개설 서비스도 같은 유형의 사례다. 이처럼 고객의 불편함을 없애거나 줄이는 노력을 기울이다 보면 신제품 개발 기술의 아이디어를 얻을 수 있고, 그러한 제품들은 성공할 가능성이 아주 높다.

둘째, 상품의 형태가 가져다주는 불편함을 해소한다.

편의점에서 많이들 사먹는 삼각김밥은 동그란 모양의 주먹밥을 들고 먹기 편하게 모양을 변형한 것이다. 컵라면도 봉지라면을 개량한 것이다. 2013년 출시된 사조참치의 안심따개 참치가 각광받고 있는데, 이 역시 형태를 바꾸어 성공한 사례이다. 기존 참치캔의 경우 뚜껑이 미세한 톱날 설계 방식으로 제작되어 있어 뚜껑을 따다 손을 베는 경우가 많은데, 사조참치는 얇은 알루미늄 재료를 이용해 위험성을 없앤 것이다.

셋째, 상품이나 서비스의 사용방법이나 순서를 바꿈으로써 불편함을 해소한다.

대표적인 제품이 광동제약의 비타500이다. 비타500은 알약으로 먹는 비타민을 마시는 비타민으로 바꾼 것으로, 비타민C

가 500mg나 함유되어 있는 데다 약국에서만 구입할 수 있던 기존 드링크제와 달리 언제 어디서든 구입할 수 있다는 장점 덕분에 기존 드링크제 시장을 순식간에 장악했다. 또한 겔포스 는 먹기 불편한 알약 위장약을 액체 위장약으로 바꾸어 성공한 사례다.

일반적으로 신제품은 기존 상품의 문제점을 수정한 개량형 상품과 시장에 없는 최초로 등장한 새로운 뉴카테고리형 상품 으로 나눌 수 있다.

개량형 상품을 개발하는 단계는 다음 4단계로 분류한다.

첫째, 기본적으로 상품은 고객의 욕구가 있어야 존재할 수 있으므로 신제품을 개발하려면 고객의 욕구가 어디에 있는지 부터 알아내는 것이다.

둘째, 욕구를 충족해 주는 기존 상품이 있는지 확인한다.

셋째, 해당 상품이 가지고 있는 문제점을 찾아낸다.

넷째, 문제점을 개선한 상품을 내놓는다. 이게 곧 개량형 상 품이다.

개량형 상품의 사례로 엘지생활건강에서 출시한 '향락스'를 들 수 있다. 주부라면 누구나 화장실을 깨끗이 관리하고 싶은 욕구를 가지고 있다. 이러한 욕구를 '락스' 같은 살균소독제를 이용해 충족하지만 기존 살균소독제는 냄새가 독하다는 게 단 점이다. 기존 살균소독제 시장은 유한양행의 유한락스가 거의 장악하고 있었는데, 엘지생활건강에서 기존 살균소독제에서

나는 독한 냄새를 개선한 '향락스'를 출시해 새롭게 시장에 진입했고 좋은 반응을 얻었다.

그리고 뉴카테고리형 상품을 개발하는 단계는 다음 4단계로 분류한다.

첫째, 기본적으로 상품은 고객의 욕구가 있어야 존재할 수 있으므로 신제품을 개발하려면 고객의 욕구가 어디에 있는지부터 알아낸다.

둘째, 욕구를 충족해주는 기존 상품이 있는지 확인한다.

셋째, 기존 상품이 없어 생활수단으로 해결하고 있다면 그 생활수단이 가지고 있는 문제점을 찾아낸다.

넷째, 문제점을 해결하는 새로운 상품을 내놓는다. 이것이 바로 뉴카테고리형 상품이다.

예를 들어 우리나라 사람들이 즐겨 먹는 삼겹살의 경우 맛은 좋은데 기름이 너무 많아 조리를 하다 보면 기름이 많이 튀어 기름을 없애기 위해 두루마리 화장지, 신문지, 키친타월 등으로 기름을 닦아내거나 식빵으로 기름을 빨아들이기도 한다. 기름을 제거할 수 있는 상품이 존재하지 않기 때문에 상품이 아닌 생활수단으로 문제를 해결하고 있는 것이다. 그런데 문제는 두루마리 화장지나 신문지, 식빵 등을 이용하는 경우 손에 기름이 많이 묻고, 쓰레기도 많이 나오게 된다는 점이다. 이런 문제점을 해결하는 상품이 나온다면 바로 이런 상품이 세상에 없는 최초의 뉴카테고리형 상품이 되는 것이다.

이처럼 소비자 관점에서 생활상의 욕구를 발견함으로써 신상품을 개발할 수 있지만, 첨단 IT 제품 같은 경우에는 기술적인 시즈 Seeds 가 먼저 개발된 다음 고객의 잠재적인 욕구를 자극함으로써 새로운 시장을 창출하는 경우가 많다. 일반적으로 첨단제품 같은 경우는 소비자 조사를 하더라도 실제 고객의 욕구를 발견할 수가 없기 때문에 기술이 먼저 개발되고, 이 기술이 고객의 잠재적인 욕구를 자극해서 새로운 수요를 창출하기도 한다.

소비자 니즈에 맞는 제품 개발

루트로닉

레이저 의료기기를 주로 생산하는 루트로닉은 2003년 수출 100만불탑을 시작으로 2008년 1000만불탑, 2012년 2000만불탑을 받았으며, 2010년에는 기업은행으로부터 수출강소기업으로, 2012년에는 '월드클래스300 기업'으로 선정됐다.

일반적으로 레이저 의료기기 산업은 복잡한 기술이 필요한 데다 기술혁신 속도가 빨라 제품 수명주기가 매우 짧다. 이러한 특성을 간파한 루트로닉은 산업용 레이저 시장보다 다양한 시장기회를 만들 수 있을 거라는 판단 아래 미국산 등 외국 제품이 대세였던 레이저 의료기기 시장에 진입했다.

이들이 피부미용 레이저 기기 제품 개발에 주력한 것은 1998년부터다. 먼저 주요 고객층인 피부과 의사들의 진료 상황을 파악해 좁은 병원에서도 편리하게 사용할 수 있도록 부피를 줄이고 손잡이에 커버를 씌워 미끄럼을 방지하는 등 제품기획 단계부터 철저하게 소비자 니즈에 맞는 제품 개발에 몰두했다. 이어 1,000분의 1초 단위로 화상이나 여드름 등으로 생긴 흉터를 연속으로 분석해 제거하는 지름 0.1밀리미터의 소형 레이저 기기, 피부층 2밀리미터 아래에 있는 지방층에 나노미터 파장의 레이저를 정확하게 보내 지방층을 녹이고 수축된 연조직을 회복시키는 장비 등을 지속적으로 개발해 틈새시장에서 확실한 경쟁우위를 확보해 나갔다.

2001년에는 대만에 첫 수출을 했고, 2003년에 싱가포르, 홍콩, 인도네시아, 태국, 말레이시아, 중국 등에 대리점 망을 구축했다. 그리고 2005년에는 베트남을 비롯한 기타 아시아 지역으로 시장을 확대했고, 미국, 스페인, 독일, 이탈리아, 영국 등에 잇달아 대리점 네트워크를 구축해 글로벌 시장 확대를 진행하고 있다. 2013년 현재 세계시장에서 루트로닉 제품은 4.5%의 점유율을 차지하고 있다. 2013년 9월 기준으로 레이저 의료기기가 전체 매출에서 차지하는 비중은 93.7%이다.

루트로닉의 성공 요인은 의료용 레이저 시장에 대한 가능성을 확인한 다음 틈새시장으로 신속하게 진입해 역량을 기술개발에 집중한 데 있다. 또한 글로벌 시장에 진출하면서 가까운 아시아 시장부터 공략해 인정을 받은 뒤 점점 미국, 유럽 등으로 확대 전략을 펼친 것도 주효했다. 이처럼 중소기업은 차별적 기술로 먼저 틈새시장을 선점한 후 그 시장을 해외로 확대해 나가면서 전체적인 시장 규모를 키워나가는 것이 유리하다.

3

구매욕구를 자극하는 상품 부가가치 향상

3

구매욕구를 자극하는 상품 부가가치 향상

기능성 상품에 감성가치를 높여라

중소기업이 핵심역량을 가지고 있고 차별화된 기술을 가지고 있다 하더라도 기업의 부가가치를 높이려면 그 기업만의 감성이 있어야 한다. 요즈음은 모든 회사의 기술력 수준이 어느 정도 평준화되어 있어서 기술이나 품질 면에서 뚜렷한 차별화를 보이기가 쉽지 않다. 따라서 이런 기술에 감성을 접목해야만 상품의 부가가치를 높일 수 있다.

과거 아이리버는 MP3 시장에서 선두주자였다. 하지만 애플의 아이팟이 나오면서 아이리버는 고전을 면치 못했다. 아이팟이 아이리버 제품보다도 품질이 뛰어났던 것이 아니라 제품에 감성을 접목했기 때문이다. 아이팟의 세련된 느낌의 디자인이 소비자에게 감성적인 가치를 높여줬던 것이다. 그뿐만 아니라 애플은 MP3 사용자는 항상 언제 어디서나 시간과 장소를 구애받지 않고 자기가 듣고 싶은 음악을 듣고 싶다는 점에 초점을 맞추었다. 그래서 아이튠즈라는 사이트를 만들어서 고객이 언제 어디서나 자기가 듣고 싶은 음악을 다운 받아서 들을 수 있게 해주었다. 이런 것들이 바로 아이팟의 부가가치를 한 차원 더 높게 해줬던 것이다.

아날로그 시대였던 20세기에는 카리스마, 권위, 성실성이 중요했다. 하지만 세계화, 기술혁신, 인터넷의 발달로 21세기는 지식정보사회가 되었으므로 인간중심적 사고, 설득력, 감성, 창의성이 중요해졌다. 이 가운데 특히 감성이 중요하다. 인간은 20%의 이성과 80%의 감성으로 살아간다고 한다. 우리가 슬퍼하고 기뻐하고, 즐거워하고, 후회하고, 분노하고, 증오하는 것은 모두 감성의 표현이다.

전통적인 마케팅은 소비자 구매과정에 초점을 맞추고 상품 특징이나 편익을 강조한다. 그러나 요즘은 감각, 감성, 지성인지, 행동, 관계 등의 체험 요소를 상품이나 서비스에 연동시켜 소비자에게 즐거움, 배려, 성취감의 감동을 주는 체험 마케팅을 적절하게 활용할 수 있어야 한다.

체험 마케팅은 소비과정과 상황에 초점을 맞추고, 소비과정의 다양한 경험을 상품에 이입시키고, 이입된 경험들은 소비자에게 하나의 아이덴티티로 정립된다. "나 스타벅스에서 커피 마셨다.", "나 아마존에서 책 샀다.", "나 구글한다." 와 같은 것이 대표적인 사례다. 단, 감성적 소구만으로는 한계가 있다. 이러한 체험 마케팅은 반드시 상품의 품질과 서비스가 뒷받침되어야 한다.

체험 마케팅을 보다 세분화하면 감각 마케팅, 감성 마케팅, 지성 마케팅, 행동 마케팅, 관계 마케팅으로 나눌 수 있다.

감성 마케팅은 소비자의 감성을 자극해 제품 판매를 촉진하는 마케팅으로, 고객의 기분과 감정에 영향을 미치는 감성적인 자극을 통해 브랜드와 유대관계를 강화한다. 감성 마케팅은 소비자에게 어떤 특별한 느낌이나 감정을 유발시킨다. 스타벅스가 대표적인 사례다. 스타벅스는 단지 커피만 파는 장소가 아닌, 커피를 마시면서 즐겁고 친밀한 분위기를 느낄 수 있는 감성적인 경험을 체험할 수 있는 문화공간이라는 이미지를 소비자에게 심어주었다.

감각 마케팅은 시각, 청각, 후각, 미각, 촉각 등 오감을 자극하여 즐거움이나 흥분과 같은 감각적 체험을 느끼게 하는 마케팅이다. 코카콜라는 병 모양, 독특한 글씨체, 손으로 느껴지는 물결모양의 문양 등이 소비자들의 시각과 촉각 등을 자극한다. 2009년에는 자판기 속에 사람이 들어가 손으로 직접 음료를 건네주는 '라이브 벤딩 머신'을 만들어 고객들에게 강렬한 즐거움을 주었는데, 이 사례도 감각 마케팅의 일환이다. 감각 마케팅은 이처럼 상품과 서비스 제공 외에 오감을 통해 소비 경험을 즐겁게 해주는 향기 마케팅, 컬러 마케팅, 음향 마케팅 등을 전개해서 브랜드 가치를 높이고 구매를 유도한다.

지성 마케팅은 고객에게 문제 해결적 체험을 제공하는 마케팅이다. 화장품 회사가 건성, 지성 등 피부타입별로 화장품을 라인업하는 이유는 고객으로 하여금 자신의 피부타입에 맞는 화장품을 선택하도록 하기 위함이다.

행동 마케팅은 고객의 육체적 체험과 다른 사람과의 라이프 스타일 간의 상호작용에 연관된 체험을 유발하는 방법이다. 일례로 나이키는 마라톤 행사를 통해 소비자에게 자사의 브랜드가 추구하는 라이프스타일을 체험할 수 있도록 했다.

관계 마케팅은 소비자 자신의 향상 욕구 또는 다른 사람에게 긍정적으로 인식되고 싶은 욕구에 소구하는 마케팅이다. 예전에 삼성은 지펠 냉장고를 출시하면서 '당신이 꿈꾸던 냉장고, 지펠'이라는 카피를 내세우며 상류층 생활을 동경하는 중산층 주부들의 욕구를 자극했다.

또한 고객이 향수나 친밀감, 애착과 같은 특별한 감정을 느끼도록 자극하여 브랜드의 선호도를 향상시키기는 방법도 있다. 하와이의 5성급 호텔인 할레쿨레니 호텔은 직원을 객실 수 대비 2배로 늘려 고객이 프런트에서 기다리지 않고 곧바로 객실로 이동할 수 있도록 체크인 서비스를 제공하고, 객실 곳곳에 친구가 보내는 듯한 메모를 비치하고, 퇴실 후에는 감사 이메일을 발송하여 특별한 감동을 느끼게 한다.

최근에는 이러한 체험 마케팅을 통해 고객의 감성가치를 높여주는 다양한 방법들이 시도되고 있다. 인터넷 비즈니스 세계에서 가장 활발한 판매 활동을 펼치고 있는 아마존은 지상 최대의 가상서점으로, 끊임없이 판매 방식을 개선하고, 경쟁자들보다 항상 한발 앞서 사업모델을 발전시켜 나간다. 특히 고객이 아마존의 서비스에 매우 만족하고 감동하게 만들어 이후에도 반복적으로 아마존과의 거래를 원하게 만드는 데 성공 비결이 있다.

대표적인 사례가 개별 고객 맞춤형 서비스를 제공하는 시스템이다. 아마존은 고객맞춤 전자우편 서비스인 'Amazon.com Delivers'를 통해 고객이 미리 지정한 관심 분야에 대한 정보를 수시로 보내주고, 고객이 구매한 서적의 세부 내용 등을 검토하여 고객이 관심을 가진 분야에 맞추어진 정보를 제공한다. 고객이 아마존에서 필요로 하는 상품을 찾아서 구매절차와 배송과정을 거쳐 상품을 안전하게 받기까지의 모든 과정도 고객 편의성에 초점이 맞춰져 있다. 고객의 불편은 전자우편을 통해서 접수되고 바로바로 개선된다.

이처럼 아마존 고객 서비스는 아마존 직원들의 논의와 아이디어 회의를 통해서 개선되는 것이 아니라, 고객 자신이 아마존에서 겪은 경험에 의해서 이루어지며, 이것이 바로 고객을 감동시키고 고객가치를 높여주는 원동력이 되고 있다.

고객이 신발 한 켤레를 구매할 때마다 도움이 필요한 아이에게 한 켤레를 전달하는 원 포 원ONE FOR ONE기부로 세계적으로 선풍적 인기를 끈 탐스슈즈TOMS Shoes는 아르헨티나를 여행 중이던 청년 블레이크 마이코스키가 현지 아이들에게 신발을 무상으로 나눠주는 자원봉사자들을 보고 "착한 사람들의 기부에만 의존하지 말고, 꾸준한 신발 공급이 보장되는 해결책을 생각해 내는 게 어떨까?" 하고 고민하던 끝에 신발 한 켤레를 팔 때마다 한 켤레를 기부하는 시스템을 생각해내서 만든 신발이다.

소비자들은 제품 하나를 구매하게 되면 동시에 기부도 할 수 있는 일석이조의 가치를 얻는다. 이러한 감성가치는 많은 이들을 감동시키며 탐스슈즈의 판매 전략에 있어서 가장 중요한 요소가 되었다. 2006년 출시이래 세계적인 명사들과 연예인들이 '탐스 슈즈'를 소비했고 이를 지켜보는 일반 소비자들의 마음도 사로 잡았다. 사회적 가치를 추구한 비즈니스 방식이 소비자들의 마음을 움직이게 하고 감성가치를 높여주어 결국 회사의 지속가능성을 보장하는 가장 큰 자산이 된 것이다.

뿐만아니라 탐스 슈즈는 제품 경쟁력도 다른 브랜드 신발에 비해 질적으로 떨어지지 않는다. 오히려 다양한 문양이 들어가 있는 신발 디자인은 문화를 사랑하는 젊은이들의 마음을 사로 잡았다. 사회적 가치로 고객을 감동시키고 동시에 품질력까지 갖춤으로써 탐스슈즈의 브랜드 가치를 더욱 높여주었다.

탐스 슈즈의 디자인은 심플하면서도 깔끔해서 우리나라 젊은이들에게도 인기를 끌고 있다. 탐스 특유의 가벼움과 불편하지 않을 정도로 밀착되는 느낌은 탐스 슈즈의 완성도가 결코 떨어지지 않음을 알게 해준다. 탐스 슈즈는 현재 미국 전역과 일본, 프랑스, 호주, 캐나다, 스페인 그리고 한국에서도 신발을 판매하고 있다

아르헨티나의 아이들에게 신발을 신겨주고 싶다는 오직 그 마음 하나로 설립한 탐스 슈즈의 창업자가 가지고 있는 감성 마인드는 강소기업에서 큰 기업으로 자랄 수 있었던 요인 중 하나와 부합한다고 할 수 있다. 뿐만 아니라 기술력이 뒷받침 된 탐스 슈즈의 품질 면에서도 그러하다고 할 수 있다. 허술해 보이지만 튼튼한 밑창 역시 착한 브랜드 답게 친환경 소재를 사용했다. 삼각형 모양의 고무 밴드는 신발을 벗고 신는데 용이하게 해준다는 점에서 꼼꼼하게 만들어진 신발임을 알 수 있다. 밑창은 일체형으로 되어 있어서 활동하는데에 불편하지 않도록 유연성을 고려하여 만들어 졌으며, 신발의 안정감을 주기 위한 발등의 아치모형과 고무 쿠션을 더한 캔버스 소재의 안창까지 어느 하나 신경 안 쓴 부분이 없다. 즉, 품질이 잘 갖춰진 제품에다가 어려운 나라의 아이들에게 기부를 한다는 감성가

치까지 더해져 탐스 슈즈의 브랜드가치가 상승하게된 것이다.

2011년 탐스는 안경 브랜드 탐스 아이웨어를 시작했다. 탐스 아이웨어도 마찬가지로 하나의 안경을 구매하면 눈관련 치료가 필요한 사람들에게 무상으로 안과 치료가 제공된다. 탐스의 가치인 'ONE FOR ONE'을 신발을 넘어서 더욱 다양한 방식으로 실천하고 있는 것이다. 주목할 점은 탐스 슈즈는 고객이 하나의 신발을 구매하면 또 하나의 신발이 제3세계 어린이들에게 지원되었지만 탐스 아이웨어는 물품 지원을 넘어 보다 구체적인 방식으로 접근하고 있다는 점이다. 시력 교정용 안경 처방은 물론 시력 보존을 위한 수술 등의 의학적 시술까지 제공한다. 고객이 안경 한 개를 구매 할 때마다 한 사람이 필요로 하는 안과 치료로 도움을 주는 것은 ONE FOR ONE을 새롭게 진화한 방식이라고 할 수 있다. 사회적 가치를 통한 고객 감동으로 새로운 비즈니스의 영역을 더욱 넓혀 나가는 탐스의 끊임없는 도전은 상품의 기능적인 우수성에 더해서 감성가치를 높여줌으로써 기업 경쟁력을 강화시켜 나가는 좋은 본보기라고 할 수 있다.

소비자는 이성적이지 않다, 감성을 자극하라

요즘 직장 여성들 중에는 점심시간에 식당에서 밥을 먹는 대신 이삼천 원짜리 김밥이나 샌드위치로 간단하게 때우고 후식으로 스타벅스 같은 커피전문점에서 오육천 원짜리 커피를 즐기는 이들이 많다. 이처럼 주된 식사보다 후식에 더 많은 비용을 지불하는 것은 이성적인 구매행동으로 보기 어렵다.

상품의 기능으로부터 얻는 효용보다 그 상품을 소비함으로써 창출되는 분위기나 이미지에 더 큰 관심을 보이는 소비자 심리 때문에 이런 현상이 일어난다. 결국 소비자는 생각보다 이성적이지 않다는 얘기다.

오스트리아의 유명한 와인잔 전문업체인 리델Riedel은 "이 글라스는 와인을 더 향기롭게 만든다."라는 말도 안 되는 광고카피로 유럽에서 가장 많이 팔리는 브랜드가 되었다. 악의 없는 거짓말은 스토리를 진실로 만들기도 한다.

이러한 소비자 심리를 전략적으로 활용하여 체험 마케팅, 프라이드 마케팅, 보증 마케팅 등의 다양한 마케팅 활동을 전개하면 브랜드 가치를 높일 수 있다.

공급과잉 시대에 상품 정보 중심의 이성적 마케팅은 한계가 있다. 소비자는 상품이 아닌 경험, 즐거움, 자부심, 인간적인 정을 구매하기 때문이다. 친절한 서비스는 기본이다. 고급식당에서 클래식 음악을 틀어주고, 패스트푸드점에서 빠른 템포의 음악을 틀어주는 정도의 마케팅은 이제 더 이상 효과를 거두기 힘들다. 예를 들어 오랜만에 찾아간 식당에서 이름을 기억해주며 반갑게 맞이하면 절로 감동이 생기는 것처럼 소비자에게 뭔가 작은 감동을 불러일으켜야 한다.

사람들은 누구나 자신을 남보다 더 우대해주거나 높여주면 좋아한다. 멤버십 회원에게 특별대우를 해주는 것도 이런 심리를 이용한 것이다. 백화점에서 우량고객만을 위한 커피숍 같은 공간을 무료로 제공하거나, 공항이나 철도 대합실에서 VIP 고객을 위한 VIP룸을 운영할 경우 이를 이용하는 고객들의 프라이드Pride는 상승하게 마련이다. 이런 것들을 프라이드 마케팅이라고 한다.

그리고 원산지를 표시하거나 특정기관이 보증하는 마크 등을 부착하여 소비자로부터 신뢰를 얻는 방법이 있는데, 이를 '보증 마케팅'이라 한다. 예를 들어 고추장을 언급할 때 그냥 '고추장'이라고 말하는 것보다 '순창 고추장'이라고 하면 소비자는 해당 제품을 더욱 신뢰한다. 녹차 역시 '보성녹차'라고 하면 더욱 믿음이 간다.

코트라에서는 매년 중소기업의 우수상품을 선정하여 수출되는 상품의 박스에 코트라 마크와 '코트라 보증 브랜드'라는 문구를 표시할 수 있게 해주는데, 이것 역시 해외 수출 시 외국 바이어나 소비자들에게 강한 신뢰감을 줄 수 있는 보증 마케팅의 하나이다.

직접적으로 품질을 보증하는 방법도 있다. '100% 품질 보증'과 같은 표기가 바로 그것이다. 과거 태평양^현 아모레퍼시픽에서는 '무한책임주의'라는 캠페인을 한 적이 있다. 고객이 구입한 태평양의 화장품 중 어떤 상품이든 이상이 있으면 반품이나 환불 등의 무한책임을 지겠다는 것이다. 그리고 현대차는 미국에서 '10년 10만 마일'이라는 캠페인을 했다. 현대차를 사고서 10년 10만 마일이 지나기 전에 차에 이상이 있으면 100% 무상 수리를 해주겠다는 캠페인이다. 이러한 보증 마케팅은 소비자로 하여금 자사 상품에 강한 신뢰감을 갖게 해준다.

다만 이러한 보증 마케팅은 품질에 자신이 있을 때만 해야 한다. 만일 품질에 문제가 있는 상품을 가지고 이런 마케팅을 하면 실제로 많은 반품이나 환불로 이어져 회사가 상당히 어려워질 수 있다. 보증 마케팅은 품질에는 자신이 있으나 인지도가 없는 중소업체나 품질력이 우수한 신상품을 처음 시장에 런칭할 때 일반적으로 많이 활용하는 방법이다.

문화와 이미지를 판매한다

할리데이비슨

흔히 영화에 피어싱을 하고 머리에는 두건을, 검은색 선글라스에 가죽점퍼를 입은 젊은이들이 오토바이를 타고 황량한 도로를 떼지어 질주하는 장면이 나오면 사람들은 자연스레 할리데이비슨을 떠올린다. 헐떡이는 듯 숨넘어가는 엇박자의 엔진 소리로 유명한 할리데이비슨 오토바이는 1907년부터 100년이 넘는 전통을 이어온 미국 최대 모터사이클 제조 회사이며, 미국의 강력한 남성 문화를 상징한다. 고속도로 순찰대원이 타고 다니던 일명 '싸이카'라고 불리는 오토바이가 바로 할리데이비슨 제품이다.

할리데이비슨은 1980년대 초 무리한 사업 확장으로 파산 위기에 몰리기도 했으나 중대형 모터사이클 시장에 주력하면서 전 세계 마니아층을 끌어모으며 재기에 성공했다.

대형의 경우 대당 수천만 원을 호가하지만 할리데이비슨 오토바이가 제공하는 빠른 이동성이나 안전성, 편리한 기능 때문에 인기 상품으로 선정되고 사람들에게 사랑받고 있는 것이 아니다. 영화 〈이지라이더 Easy Rider〉에 등장한 할리데이비슨 오토바이가 당시 미국 젊은이의 자유롭고 저항적인 정신을 대변했듯이, 지금도 여전히 할리데이비슨 오토바이는 자유로운 정신을 표방하는 문화를 밑바탕에 깔고 있다.

할리데이비슨 동호인으로 불리는 충성스러운 고객들은 고가임에도 여전히 할리데이비슨 오토바이가 제공하는 상징적 이미지인 자유로운 정신과 모험심을 사기 위해 기꺼이 주머니를 연다. 다시 말해 할리데이비슨은 고객에게 고가의 오토바이를 판매하는 것이 아니라 할리데이비슨의 문화와 그 어떤 회사도 모방할 수 없는 자사만의 이미지를 판매하는 것이다.

소비자 심리를 활용해 판매 효율을 높여라

과거 상품 자체가 중요했던 시대에는 사람들은 가격이 싸고 성능이 좋은 상품을 선호했다. 그러다 각사의 기술과 품질 수준이 비슷해지면서 서비스가 부각되기 시작했고, 판매원의 친절, 환불·교환의 용이, 보증기간, A/S 등을 따지게 되었다. 심리적인 만족감이나 행복감을 줄 수 있는 감성과 체험을 중요시하는 소비자 심리 시대가 된 것이다. 그런데 소비자 심리는 시대의 환경 변화나 주요 이슈들에 의해 변하거나 진화한다.

하지만 소비자 심리 중에는 특별히 변하지 않은 심리가 있다. 변하지 않은 소비자 심리 중에는 다른 것과 비교하고자 하는 심리, 구매 후 행동의 원인을 찾고자 하는 심리, 남보다 우월해지고 싶은 심리, 브랜드로 자신을 표현하고자 하는 심리, 자신이 좋아하는 사람을 모방하고 싶은 심리, 보상받기를 원하는 심리, 일관성을 유지하려는 심리, 남의 간섭을 싫어하는 심리,

새로운 것을 알고 싶어 하는 심리 등이 있다. 이런 변하지 않은 심리를 전략적으로 활용하여 소비자 대상의 커뮤니케이션 메시지를 개발하고, 광고나 홍보 활동을 차별화하며, 궁극적으로는 브랜드 가치를 향상시켜 매출과 수익을 극대화할 수 있다.

광고에서 흔히 비교광고를 통해서 차별성을 부각시킨다든가, 남보다 우월해지고 싶은 심리를 활용하여 고가의 명품 제품을 특정고객에게 한정 수량만을 판매하기도 한다. 또 자신이 좋아하는 사람을 모방하고 싶은 소비자 심리를 활용해 사회적으로 인지도가 있는 유명인사나 인기 탤런트를 활용한 스타 마케팅을 펼친다.

소비자는 구입한 상품에 대해 만족 또는 불만족을 경험하면 만족 또는 불만족에 대해 나름대로 원인을 찾게 되고, 이 원인을 추적한 결과가 다양한 형태로 재구매 의향에 영향을 미치는데, 이것을 소비자 행동이론에서는 '귀인이론Attribution Theory' 이라고 한다.

이때 성공이나 실패의 원인이 내부 혹은 외부에 있는가에 따라 내적 귀인과 외적 귀인으로 나눈다. 내적 귀인은 소비자가 자신이 충분한 정보를 구하지 못했거나 상품 대안들을 잘못 평가했기 때문이라고 본인의 탓으로 돌리는 것이고, 외적 귀인은 회사가 불량상품을 생산했거나 판매사원이 잘못된 정보를 제공했기 때문인 것으로 책임을 전가시키는 것이다. 따라서 기업에서는 상품을 판매하고서 곧바로 소비자 반응 조사를 실시하여 자사 상품을 구입한 소비자들이 어떤 만족과 불만족을 가지고 있는지를 파악하고, 그 결과를 마케팅 전략에 반영해야 한다. 불만족을 경험한 소비자는 다음에 재구매를 기피할 것이고 주변 사람들에게도 제품에 대해 나쁘게 전달할 것이기 때문이다.

이 밖에도 새로운 것을 알고 싶어 하는 소비자 심리를 고려하여 항상 새로운 콘셉트의 신상품을 출시하거나 자사 상품에 대한 새로운 속성이나 소구점을 개발하여 소비자에게 호기심을 유발하기도 한다.

일반적으로 상품이 소비자에게 주는 가치는 본질적 가치와 부가적 가치 또는 기본적 가치, 차별적 가치, 매력적 가치로 나눌 수 있다. 본질적 가치 또는 기본적 가치는 상품이 가져야 하는 당연한 가치다. 예를 들어 진공청소기의 기본적 가치는 강한 흡입력, 가벼움, 저소음 등이라 할 수 있는데, 이는 진공청소기가 제 역할을 하기 위해서는 당연히 갖춰야 하는 기능이다. 이런 기능은 개선돼도 소비자 만족도가 크게 높아지진 않지만, 이런 기능이 충족되지 못하면 만족도가 급격하게 떨어진다.

차별적 가치는 경쟁사와 비교해 크게 매력적이라 할 수 없지만 타사 제품과 뭔가 다르게 인식될 수 있는 가치를 말한다. 매력적 가치는 경쟁사와 차별화될 뿐만 아니라 고객을 감동시킬 수 있는 독특한 가치다. 기업의 품질 수준이 비슷해지면서 소비자는 차별적 가치나 매력적 가치를 구매의 중요 기준으로 삼는다. 따라서 상품의 가치를 높이려면 세련된 디자인 차별화나 감성적 욕구를 충족시켜주는 요소를 기본 기능에 추가해야 한다.

애플의 아이폰이 폭발적인 인기를 누리고 있는 이유도 다른 휴대폰에 비해 품질적으로 앞서 있기보다 독특한 디자인과 브랜드의 상징성이 소비자의 감성적 욕구를 자극하기 때문이다. 막걸리가 인기를 끌면서 다양한 색깔의 막걸리가 속속 등장했는데, 이 역시 감성 욕구를 충족시키기 위함이다. 맥도날드가 건강 친화적 이미지를 갖기 위해 사과나 토마토를 넣은 메뉴를 선보여 성공한 사례도 여기에 해당한다.

생활가전도 원터치, 절전, 친환경 같은 부가적 기능과 스마트한 감성적 요소가 신상품 성공 여부를 결정짓는 추세이다. 버튼 하나로 냉장고 문을 자동으로 여닫는 신상품이 선보였고, 화이트보드처럼 상품 겉면에 글씨와 그림을 그려넣고 지울 수 있는 로봇청소기도 나왔다. 불황기에 전기요금을 절약해주는 상품이나 편의성을 강조한 상품, 사람의 체질태양인, 소음인 등 을 알려주는 가전 상품도 출시되었다. 앞으로 청소기에 컬러, 시각, 향기, 음악, 음성적인 요소를 추가한 상품이 등장하거나 청소기를 쓰고 나면 산림욕 향이 나게 하거나 청소 끝나는 시간을 알려주는 상품 혹은 청소기를 사용하는 동안 음악이 흘러나오는 상품이 나올 수도 있다.

인지부조화 이론 활용

자사 상품에 부정적인 태도를 갖는 소비자에게는 가격할인을 통해 구매하도록 함으로써 인지부조화를 발생시켜 호의적 태도를 갖도록 유도할 수 있다.

예를 들어 자사 상품을 월평균 100만 원씩 구입하는 A고객과 자사 상품을 500만 원씩 구입하는 B고객, 경쟁사 상품을 월평균 200만 원씩 구입하는 C고객과 1,000만 원씩 구입하는 D고객이 있다고 가정하자. 자사 입장에서는 자사 상품을 많이 사주는 B고객도 중요하지만, 경쟁사 상품을 매월 1,000만 원씩 구입하는 D고객도 매우 중요하다. 따라서 D고객을 자사 고객으로 뺏어오는 전략이 필요하다. 그러기 위해서는 우선 D고객이 경쟁사와 어떤 거래조건으로 거래하고 있는지를 파악한 다음, D고객을 찾아가 경쟁사보다 더 유리한 거래조건을 제시하여 자사와의 거래를 유도할 수 있다. 만일 D고객이 자사 거래조건을 받아들여 자사와 거래를 시작하면 이때부터 D고객은 자사 상품에 우호적이 될 수 있다. 왜냐하면 지금까지는 D고객이 경쟁사 상품만을 구입하며 자사 상품에 대해서는 부정적이었으나, 일단 거래를 시작하면 자사 상품을 구입하는 자신의 구매행동을 합리화시키고 자사 상품에 대해 긍정적인 태도를 갖도록 노력하기 때문이다.

인지부조화 이론은 1957년 레온 페스팅거Festinger가 제기한 이론으로 자신이 가지고 있는 태도와 행동이 일치하지 않을 때, 자신의 태도를 바꾸려 하는 것을 말한다. 예를 들어 소비자가 원래 A상품을 선호하고 있지만 B상품이 세일 중이어서 B상품을 구입했다면 A상품을 선호한다는 인지와 실제 B상품을 구입했다는 행동 간에 부조화가 발생한다. 따라서 B상품을 구매 이전보다 더 선호함으로써 자신의 구매행동을 합리화시키고 부조화를 감소시키려 노력한다는 것이다.

기대이론 활용

사람들은 처음보다 마지막을 더 강하게 기억한다고 한다. 프로모션 행사를 할 때, 처음에는 판촉의 강도를 낮게 하거나 가격대가 낮은 사은품을 주다가 점차 강도를 높이면 고객만족의 효과를 더 높일 수 있다. 뷔페식당에서 처음에는 가벼운 음식을 제공하다가 점차 더 주된 메뉴를 제공함으로써 고객의 만족도를 높이는 것도 그런 예이다.

기대이론은 불확실하에서의 의사결정에 대한 기술적 모형으로, 카너먼Kahneman과 트버스키Tversky가 발표한 이론으로, 어떤 개인이 준거점을 어디에 두는가에 의해 평가대상의 가치가 결정된다고 본다. 기대이론은 구체적으로 다음 네 가지로 나누어 살펴볼 수 있다.

① 손실회피Loss Aversion

사람은 심리적으로 어떤 것을 잃어버렸을 때 느끼는 고통을 얻었을 때 느끼는 행복감보다 훨씬 더 크게 느낀다. 이로 인해 사람들은 손실고통을 줄이려는 '손실회피' 성향을 보인다. 수익을 내고 있는 주식을 팔고 손실을 내고 있는 주식을 보유하는 이유는 손실회피 심리 때문이다. 홈쇼핑 등에서 '이번 기회를 이용해서 싸게 구매하세요'라는 멘트 보다는 '이번 기회를 놓치면 더이상 싸게 살 수 없습니다', '이번이 마지막 기회입니다'라고 이번에 사지 않으면 손해가 나는 듯 자극하면 판매상승 효과를 볼 수 있다. 과일 한상자 만원인데, 반상자 칠천원이라면 한상자를 사가는 사람이 더 많게 된다. 2008년 미국에서 서브프라임 모기지 사태가 발생, 실직자가 증가했다. 그러자 소비자들은 자동차를 할부로 구매했다가 실직되었을 때를 우려해서 자동차 구입을 기피했다. 그래서 자동차 회사들은 "자사에서 자동차를 구매할 때 할부로 구매하되, 1년이내 실직하면 00달러를 보상해드리겠습니다"와 같은 한시적 보증 프로그램을 실시해 고객의 불안을 제거, 판매성과를 높였다. 반대로 소비자 불안을 부추겨 판매 성과를 높이는 경우도 있다. "만약 매년 암검사를 하지 않으면 몸 속에서 자라고 있는 암을 발견하지 못할 수도 있습니다."와 같은 문안이 그런 경우이다.

한편, 사람들은 어떤 대상을 소유하거나 소유할 수 있다고 생각하는 순간, 그 대상에 대한 애착을 갖는데 이를 '소유효과endowment effect'라고 한다.

어린아이에게 울지 않으면 사탕 하나를 더 주겠다고 할 때와 계속 울면 아이가 가지고 있는 사탕 하나를 뺏겠다고 했을 때, 어린아이는 후자의 제안을 했을 때 울음을 그칠 확률이 더 크다고 한다. 왜냐하면 자신이 소유한 것을 뺏기는 고통이 사탕 하나를 더 얻었을 때 느끼는 만족감보다 더 크게 느껴지기 때문이다. 일단 소유효과가 나타나면 사람들은 자신이 소유하지 않는 것을 얻는 것에서 느끼는 만족감보다 자신이 소유한 것을 잃는 고통을 더 크게 느낀다.

이처럼 사람은 소유를 중시하고 한번 갖게 된 것은 다시 내놓기 싫어한다. 예를 들어 백화점에서 와이셔츠를 구입한 다음, 집에 와서 입어보니 소매가 약간 길어 반품을 하려고 다시 포장을 해서 책상 위에 올려놓았지만 바빠서 반품을 못하고 계속 시간만 가는 경우, 시간이 갈수록 그 와이셔츠에 대한 소유욕이 생겨 나중에는 반품을 안 하게 될 확률이 높아진다.

이런 심리를 실제 현장에서 다음과 같이 응용해볼 수 있다.

정수기 판매사원이 손님에게 찾아가서 정수기를 사라고 아무리 설득을 해도 구입하지 않는다면 "1주일만 옆에 두고서 써보시고 그래도 마음에 들지 않으면 1주일 후에 다시 와서 정수기를 도로 가져갈 테니 부담 갖지 마세요."라고 얘기하고 돌아온다. 그런 다음 1주일 후에 다시 찾아가면 이 손님은 정수기를 구입할 마음이 훨씬 커져 있을 것이다.

이러한 소유심리를 활용해 어떤 상품을 일정기간 써보고 마음에 안 들면 돈을 환불해주는 판촉방법이 '머니 백 개런티

Money Back Guarantee' 나 '프리 트라이얼 피리어드Free Trial Periods' 와 같은 것들이다.

현대자동차의 '10년 10만 마일' 판촉이나 태평양의 '무한책임주의' 캠페인도 소유효과의 심리를 활용한 것이다. 물론 이 두 가지는 앞에서 언급한 바 있는 보증 마케팅의 한 방법이기도 한데, 보증 마케팅 역시 소유효과의 심리를 활용한 것이다. 사람들은 이런 캠페인을 한다고 해서 이미 소유하고 있는 상품에 특별한 하자가 없는 한 쉽게 무상수리를 요구하거나 환불을 요구하지 않는다. 자신의 소유물에 대한 애착이 있어 쉽게 내놓지 않으려는 심리 효과 때문이다. 하지만 상품에 결정적인 하자가 있는 경우는 결과가 달라진다.

다음 질문에 대한 답을 생각해보자. "가격 10% 인상 시 감소하는 매출수량과 가격을 10% 인하 시 증가하는 매출수량 중 어느 쪽이 그 폭이 더 클까?" 전자가 후자보다 훨씬 더 크게 나타난다. 왜냐하면 가격을 인상하면 소비자는 그만큼 손해 보는 느낌이 들고, 가격을 인하하면 소비자는 그만큼 이익을 보는 느낌을 갖게 되는데, 이 경우, 이익을 보는 만족감보다 손해 보는 충격이 더 크기 때문에 소비자는 가격을 10% 인상했을 때, 구매를 하지 않을 확률이 훨씬 더 커진다.

② 혜택 분리Segregate Gains

두 가지 이상의 혜택이 생기는 경우는 통합하는 것보다 분리해서 제시하는 것이 더 효과적이다. 예를 들어 '40% 할인'이라고 표기하는 것보다 '30% 할인+10% 판촉물 증정'으로 표기하는 것이 구매유인에 더 효과적이다.

홈쇼핑에서 10만 원짜리 상품 판매 시, '자동주문 시 1만 원 할인'을 해주는 경우와 '자동주문 시 6천 원 할인+4천 원 판촉물'을 주는 경우에도 1만 원을 할인해주는 경우보다 자동주문시 6천원 할인해주고, 추가적으로 4천 상당의 판촉물을 주는 게 소비자 구매를 더 많이 유도할 수 있다.

소비재 회사가 흔히 하는 판촉 중에 1+1 증정 판촉이 있다. 이것은 제품 하나를 사면 하나를 무료로 주는 소비자 경품 판촉이다. 이런 판촉을 시행하면 단기적으로는 매출 상승효과가 있지만 계속하면 나중에는 판매 효율이 떨어지고 브랜드 가치마저 하락해 결국에는 브랜드 수명이 짧아지는 문제가 생긴다. 더군다나 1+1 증정 판촉은 50% 할인에 해당하는 판촉인데, 이러한 50% 할인보다는 30% 할인하고 20%만큼 증정품을 주는 경우가 똑같은 판촉비를 투입하고서도 판매를 더욱 촉진할 수 있다.

③ 손실 합산 Integrate losses

거래처에 판매부진을 이유로 지금까지 주던 인센티브를 10% 삭감하고, 거래처에 파견되어 있던 판촉사원도 철수시키겠다는 내용을 영업사원이 통보하는 경우, 이 두 가지 내용을 한꺼번에 전달하는 것이 유리할까? 아니면 며칠간의 시간차를 두고 두 번 나누어서 전달하는 것이 유리할까?

거래처에 두 가지 모두 불리한 내용이기 때문에 나누어서 전달하는 것보다는 한꺼번에 통보하는 게 상대적으로 유리할 수 있다. 나누어서 전달하면 거래처는 회사가 불이익을 빈번하게 주는 것처럼 느낄 수 있기 때문이다.

이처럼 두 가지 이상의 손실은 분리하는 것보다는 합쳐서 제시하는 게 더 효과적이다. 즉 상대방에게 불리한 것은 한꺼번에 제시하는 게 좋고, 상대방에게 유리한 것은 나누어서 제시하는 게 상대방이 이익을 더 크게 느낀다.

타협효과 Compromise Effect 활용

소비자는 극단적인 것을 싫어하고 타협하거나 중간을 선택하는 경향이 있다. 제품을 구매할 때도 소비자는 극단적인 가격대의 상품보다는 상대적으로 중간 가격대의 상품을 선호하는 경향이 있다.

어떤 회사가 판매가격이 10,000원인 상품을 가지고 있는데 경쟁사가 어느 날 5,000원대 상품을 출시한다면, 소비자들은 품질 차이가 크게 느껴지지 않으면서 상대적으로 저렴한 5,000원대 상품을 더 많이 구매할 것이다. 그러면 10,000원짜리 상품을 판매하는 회사의 매출은 갈수록 떨어질 것인데 어떻게 하면 매출 하락을 막을 수 있을까?

이런 경우 대부분의 회사는 10~20% 가격할인을 해서 가격 저항을 줄이고 매출 하락을 저지하려 한다. 이렇게 하면 단기적으로는 매출이 살아나기 때문이다. 하지만 나중에는 10~20% 할인을 해도 소비자들이 잘 구매하지 않게 되어 할인 폭을 늘려 30~40% 가격 할인을 해야만 한다. 이런 식으로 할인에 의존해서 판매를 계속하다 보면 브랜드 가치가 떨어져 해당 상품의 수명주기가 짧아지고 결국 시장에서 사라지고 만다.

또 다른 방법은 경쟁사처럼 5,000원짜리 저가 상품을 출시해서 맞대응을 하는 것이다. 하지만 이 경우는 5,000짜리 상품의 판매가 늘어나는 대신 10,000원짜리 상품의 판매가 더 떨어져 회사 입장에서는 이익률이 낮은 저가 상품의 매출을 늘리면서 상대적으로 이익률이 좋은 고가 상품의 매출 하락을 부추기는 결과를 얻게 된다.

이런 경우에는 차라리 10,000원짜리 상품보다 더 비싼 15,000원이나 20,000원짜리 상품을 출시하는 게 좋다. 그러면 10,000원짜리 상품의 매출이 증가할 수 있다. 이것이 바로 타협효과이다. 소비자는 양극단에 있는 제품보다는 무난하면서 절충적인 제품을 선택할 가능성이 높다. 자신의 구매를 스스로 합리화하거나 타인에게 설명하기가 용이하기 때문이다. 중간 가격대의 상품을 더 잘 팔리게 하고 싶다면 기능에 큰 차이는 없지만 더 비싼 고급형 상품을 출시해보기 바란다.

한편, 관습가격을 돌파하는 방법으로 타협효과를 응용할 수

도 있다. 관습가격이란 소비자가 '그 상품은 얼마'라고 등식화
하여 인식하고 있는 가격이다. 예를 들어 아이스크림은 500원,
음료수는 1,000원 하는 식이다. 이렇게 고정화된 가격은 쉽게
올리고 내리기가 어렵다. 소비자는 가격을 올리면 비싸다는 인
식을 하고 내리면 품질에 문제가 있는 것으로 생각한다.

　이런 관습가격을 돌파하기 위해 타협효과를 활용할 수 있다.
라면 하나에 200~300원 하던 때가 있었다. 이때 라면시장에
500원짜리 라면이 나왔을 때 소비자들의 가격저항이 매우 컸
다. 그러나 그 뒤 1,000원짜리 용기면이 나오자 500원짜리 라
면의 판매가 늘어나기 시작했다. 즉 소비자는 1,000원에 가격
저항선을 치고, 중간대인 500원짜리 라면을 수용한 것이다.

감성가치는 전략적 제휴로 해결하라

감성가치는 상품의 부가가치를 높여주어 글로벌 시장에서 프리미엄 가격 운용을 가능하게 해주고 브랜드 이미지에도 긍정적인 효과를 가져다준다. 하지만 중소기업은 감성가치를 높일 수 있는 기술력을 보유하고 있지 못한 경우가 대부분이다. 따라서 차별화된 특정 기술을 가지고 있는 중소기업은 감성가치를 높이기 위해 다른 기업이나 기관과의 전략적 제휴를 반드시 고려해보아야 한다.

전략적 제휴는 기업들이 특정사안에 대해 협력관계를 맺는 것을 말하는데, 각자의 독자성과 경영권은 그대로 유지하면서 기업 내부에서 해결하기 어려운 문제들을 타사의 협력을 얻어 풀어나가는 형태이다.

전략적 제휴는 인수 합병과는 성격이 다르다. 인수 합병은 기업의 실체가 통합되는 것으로 각자가 가지고 있는 단점까지 수용해야 하나 전략적 제휴는 각자의 장점만을 서로 활용하는 것이므로 더 큰 시너지 효과가 나타날 수 있다.

급변하는 경영환경 속에서 어떤 기업도 혼자만의 힘으로 모든 것을 이뤄나가기는 어렵다. 제품 개발에 강한 회사와 마케팅에 강한 회사가 제휴를 통해 서로의 강점을 충분히 활용하고, 대기업과 중소기업이 서로 제휴하여 중복 투자를 피하면서 각자의 강점을 살릴 수 있다. 해외 유명 기업과의 제휴만으로도 국제적인 신임도를 끌어올릴 수 있고, 국내외 기업과 관계를 맺음으로써 적대적 기업 인수합병에 대응하고 부족한 자본력과 기술력을 확보할 수 있다.

그리고 국내 업체 간의 제휴가 잘 이뤄지면 외국 업체의 적대적 인수합병 공세를 피할 수 있고 우호적 인수합병의 기반을 다져 산업구조 조정에도 도움이 될 수 있다. 국내에 진출하려는 외국 기업들 중에도 국내 기업들과 전략적 제휴를 위한 파트너를 찾는 사례가 늘고 있다. 전략적 제휴를 통해 인수합병에 필요한 과다한 자금의 투입이나 견제를 받지 않으면서 생산과 판매 등에서 협조를 얻을 수 있기 때문이다.

이러한 전략적 제휴는 대기업뿐만 아니라 중소기업에도 적은 비용으로 다양한 마케팅 기회를 제공해준다. 또한 성능 중심의 기능성 상품을 가지고 있는 중소기업이 대기업의 기술과 접목하여 감성가치를 향상시킬 수 있게 해준다. 예를 들어 청소기를 만드는 중소기업이 대기업과 제휴하여 대기업이 가지고 있는 IT기술을 접목한 음악이 나오는 청소기를 만들어 소비자들의 감성가치를 높일 수 있다.

한경희생활과학에서 만든 '클리즈'라는 살균기 제품은 살균기술을 가지고 있는 벤처기업과의 전략적 제휴로 개발되어 높은 매출성과와 감성가치를 높여주었다.

전략적 제휴는 대차대조표상 변동이 적고 서로 규모의 경제를 달성할 수 있으며 자원의 효율성을 높일 수 있는 등 다양한 장점이 있지만, 폐해 역시 있다는 점을 간과해서는 안 된다. 기술제휴에 너무 의존하다 제휴기업에 기술종속적인 위치로 격하될 수도 있고, 자본제휴를 지나치게 서두르다 성공의 과실을 공유하는 데 불리한 위치에 서게 되기도 한다.

"자기 혼자 모든 것을 다 할 수 있다고 생각하는 것은 글로벌 시대에서 패배로 가는 지름길이다."라는 제너럴일렉트릭GE 전 CEO인 잭 웰치의 이 한마디는 전략적 제휴와 아웃소싱의 필요성을 잘 함축하고 있다.

전략적 제휴나 아웃소싱은 기업의 강점을 더욱 강하게 하면서, 상대적으로 중소기업이 부족한 IT기술이나 상품에 감성가치를 높여주는 기술을 보완하기 위한 매우 중요한 수단이 될 수 있다. 다만, 이러한 제휴나 아웃소싱은 실행에 앞서 다음의 사항을 먼저 생각해봐야 한다.

먼저 전략적 제휴를 통해 제휴사 모두가 승자가 되고, 공동의 이익을 가져다줄 수 있어야 하며, 제휴사의 강점을 공유함으로써 상호호혜적인 관계가 유지될 수 있도록 하는 게 중요하다. 어디까지나 상대방의 장점을 활용하기 위해 우리의 장점도 내놓아야 하는 것이다. 따라서 우리의 장점이 무엇인지를 파악하고 보다 유리한 제휴를 위해 전략적으로 접근할 필요가 있다.

특히 지금처럼 경제회복이 불확실한 상태에서는 작은 기업일수록 회사의 경쟁력 강화를 위해 또는 자사상품의 감성가치 제고를 통한 부가가치 확대를 위해 자사의 약점을 극복해줄 수 있는 회사와 적극적인 전략적 제휴를 모색하고 과감한 아웃소싱을 시도할 필요가 있다. 필요하다면 경쟁관계 업체와 손을 잡는 '적과의 동침'도 과감히 검토해야 한다. 특히 작은 기업일수록 사업이나 상품, 판매채널을 대기업과 철저하게 차별화하고, 비용 효율을 높일 수 있는 전략적 제휴나 아웃소싱을 활성화해야 한다. 중소기업이 무분별하게 대기업을 모방하면 회사의 운명은 오래가기 어렵다.

따라서 중소기업은 틈새시장의 차별화 상품으로 확실하게 이길 수 있는 곳에서만 싸우고 자원을 집중해야 한다. 이순신 장군은 겨우 12척의 배와 120명의 군사로 사나운 물살이 소용돌이치는 명량해협 울돌목으로 왜군을 유인하여 10배가 넘은 적을 물리쳤다. 자신에게 유리한 지역을 선정하여 상대가 힘을 발휘할 수 없게 하는 전략으로 승리를 얻은 것이다. 특히 이순신 장군은 거북선, 판옥선, 총통 같은 차별화된 상품과 세계 수

군사의 모범적인 전법으로 인정받고 있는 정자진, 학익진 등의
전법으로 23전 23승의 100% 승률을 이룰 수 있었다.

R&D 집중, 판매·마케팅은 전략적제휴 또는 아웃소싱
아이디스

디지털 보안장비 중 하나인 디지털비디어레코더DVR 생산업
체인 아이디스는 아웃소싱을 잘 실천해 성과를 낸 대표적인 중
소기업이다. 1997년에 창립한 아이디스는 1999년 삼성전자에
제품을 납품했고 2000년부터 본격적으로 수출을 시작해 호주
와 미국 등지로 시장을 넓혀갔다. 현재 DVR 프리미엄 시장에
서 독보적 1위를 유지하며 세계적으로 주목할 만한 기업으로
인정받고 있다.

현재 전 세계 30여 개국, 60여 개 바이어를 두고 있는 명실상
부한 글로벌 기업으로 총매출액의 50% 이상을 수출하고 있으
며, 하니웰Honeywell, 타이코그룹Tyco International, 지멘스Siemens, 삼
성테크윈, 에스원 등 글로벌 선두권의 보안장비 회사들과 오랫
동안 긴밀한 파트너십 관계를 유지하고 있다.

아이디스의 성공을 이끈 원동력은 핵심 경쟁력 부분에 대한
집중 투자와 비핵심 경쟁력 부분의 철저한 아웃소싱에서 찾을
수 있다.

한국과학기술원KAIST에서 인공지능 분야 전산학을 전공하던

김영달 아이디스 대표는 미국 실리콘밸리에서 10개월간 연수를 받으며 창업의 꿈을 키웠다. 자본금 5,000만 원으로 아이디스를 설립한 그는 과학이론을 바탕으로 한 기술력만이 생존을 담보한다는 생각으로 기술을 응용한 사업 영역을 탐색했다. 그때 그의 눈길을 잡아끈 것은 학내 경비실에 쌓여 있던 CCTV 녹화테이프였다. 녹화 시간이 테이프 하나당 열두 시간에 불과한 데다 보고 싶은 순간을 찾기 위해 불편하게 테이프를 감고 재생시키는 아날로그 방식을 탈피할 수 있다면, 다시 말해 테이프 하나당 한 달 분량을 녹화하고 원하는 장면을 쉽게 찾을 수 있도록 디지털 방식으로 전환한다면 충분히 사업성이 있을 거라고 판단했다.

이후 6개월간 연구에 몰두한 그는 마침내 'IDR-1016'을 개발했다. 이는 개인용 컴퓨터에서 디지털로 영상처리가 가능한 DVR 제품으로, 폐쇄회로 TV가 촬영한 영상을 디지털로 변환해 저장하고 분석하는 기능을 갖고 있다. 이 제품이 시장에서 큰 호응을 얻자 보안장비 설치업체, 유통회사, 보안 관련 대기업 등 여기저기에서 판권 협상을 요청해왔다.

아이디스는 2년여의 협상 끝에 대기업의 요구에 맞는 제품을 개발해주는 대신 상대 기업은 영업과 서비스를 책임지는 협력관계를 맺었다. 이렇게 해서 국내에 판로가 생기자 매출은 1998년 3억 원에서 1999년 30억 원으로 수직상승했고 덕분에 해외 시장으로 눈을 돌릴 발판을 마련하게 되었다.

　　기술면에서 누구보다 자신이 있었던 아이디스는 해외 시장을 공략하면서 마케팅 역량을 아웃소싱하기로 결정했다. 그때 만난 파트너가 CCTV 제품으로 15년 이상 해외 시장을 개척해온 하이트론시스템스다. 이러한 협력관계를 통해 아이디스는 ISC SHOW에 제품을 전시하는 것은 물론 미국의 세계적인 보안회사와 접촉해 판매망을 구축할 수 있었다.

　　특히 2001년에 9·11테러가 발생하면서 DVR 시장은 본격적인 활황기를 맞이했고 매출은 2001년 161억 원, 2002년 403억 원으로 급증했다. 그러다가 창업 10년 만인 2007년에는 세계 3대 DVR메이커로 평가받았으며 미국 〈포브스〉가 2년마다 선정하는 '세계 200대 중견기업'으로 2회 연속 선정되었다. 2012년에는 1,520억 원의 매출액을 기록했다.

　　아이디스는 가장 자신 있는 기술에 집중하고 다른 분야는 아웃소싱으로 진행했다. 가령 제품과 관련해 고객사가 어떤 요구를 해오면 그것을 반영해 제품을 개발하고, 영업과 서비스는 마케팅 파트너 업체에게 맡기는 구조로 세계 시장을 공략한 것이다. 이는 소모적인 마케팅에 신경 쓰지 않고 기술개발을 가속화할 수 있는 이점을 제공했다. 나아가 영업 인력을 별도로 두지 않아 중소기업 특유의 스피드와 유연성을 유지할 수 있었고 이는 20% 이상의 영업이익률을 내는 데 크게 기여했다.

전략적 제휴가 중소기업 경쟁력을 높인다

글로벌 경쟁은 모든 기업에 소비자가 원하는 가치를 신속하고 효과적으로 생산 및 유통시켜야 한다는 과제를 던져주었다. 이 과제를 해결하기 위해 이미 수많은 글로벌 강자들이 전략적 제휴를 하고 있다. 특히 중소기업의 경우 제휴를 하지 않고는 기존 강자들과의 경쟁에서 우위를 차지하기가 쉽지 않은 상황이다. 앞으로는 성장 모색 혹은 생존을 위해 기업 간에 더욱 다양한 전략적 제휴가 이루어질 것이다.

전략적 제휴를 맺은 기업들은 특정 제휴 영역기술, 마케팅, 생산, 유통 등에서 각각 할당된 업무 기여도에 따라 창출된 이익을 배분한다. 대부분의 기업이 주로 활용하는 제휴의 형태로는 기술 제휴, 생산 제휴, 유통 제휴, 영업 제휴 등이 있다.

중소기업의 경우 재빨리 시장기회를 발견하고 그 기회에 맞는 제품과 서비스를 생산·유통시켜 소비자에게 가치를 제공하지 않으면 기존의 강자나 대기업들과의 경쟁에서 살아남기 힘들다. 그런데 중소기업은 조직력과 자금력이 부족해 기술연구, 제품기획, 생산 및 구매, 유통, 판매 등의 활동을 동시에 펼치기가 매우 어렵다. 또한 특정 분야에서 특별한 노하우를 가지려면 시간과 자원을 투입해 수많은 시행착오를 거치면서 지식을 축적해야 하는데, 자원배분, 기회비용, 스피드 문제 때문에 지식을 축적하기 힘들다는 한계를 안고 있다. 이런 문제를 전략적 제휴를 통해 해결할 수 있다. 중소기업이 효율적으로 사용할 수 있는 제휴 형태는 다음과 같다.

유통 및 마케팅 + 제품 제휴

제품 및 서비스에 대한 역량은 있는데 유통과 판매 수단 혹은 자원을 확보하지 못했을 때 이를 보완하기 위해 그러한 능력을 갖춘 파트너와 제휴하는 경우다. 실제로 많은 중소기업이 제품에 대한 기술력을 갖추고 제품 양산에 성공했더라도 소비자에게 접근할 수 있는 유통 채널과 마케팅 능력이 부족해서 실패하는 경우가 많다. 이런 상황에 놓인 중소기업은 유통 및 마케팅 능력이 있는 업체와 전략적 제휴를 맺고 판매활동을 펼치면 많은 도움이 된다.

가령 홈쇼핑 채널을 통해 시장진입을 시도하는 중소기업은 홈쇼핑 판매 역량이 있는 판매벤더를 활용해 일정 비율의 수수료를 지급하고 판매활동을 진행할 수 있다. 판매벤더의 영업

인맥과 방송 운영 노하우는 홈쇼핑 영업에서의 성공 확률을 높여준다. 이때 판매벤더가 수수료 형태가 아닌 일정 부분의 지분 투자 등을 통해 판매에 대한 리스크와 이익을 분담하는 제휴 방식으로 참여할 수도 있다.

기술과 제품 개발 + 생산 제휴

핵심 기술 역량은 있지만 이를 양산할 수단과 자원을 확보하지 못했을 때 생산 능력을 갖춘 파트너와 제휴하는 경우다. 보통 연구기술벤처 등 기술 연구에 집중하는 중소기업이나 특정 기술에 대한 특허권이 있는 중소기업의 경우 생산 기능이 있는 파트너와 공동 제휴하면 효과적이다.

예를 들어 양산 능력이 있는 파트너에게 회사 소유의 부지를 임대해준 다음 본사의 연구 및 기획 기능과 생산 파트너들이 원활히 소통할 수 있는 환경을 마련해, 신제품 개발 단계별로 생산라인 특성에 맞는 제품을 기획하고 생산업체와 공동으로 생산기술 조립과 공정기술 개선을 이뤄내 일방적인 주문생산에서 얻을 수 없는 제조기술력을 높일 수 있다.

기술 + 자본의 결합

기술 상업화에 필요한 자금을 조달하기 위해 자본력 있는 기업과 파트너십을 맺는 경우다. 제휴한 기업은 대출이 아닌 공동 투자 형태로 지분을 나누는 식으로 협력관계를 이룬다. 최근에는 학교 벤처기업의 기술을 효과적으로 상용화하고 수익성 있는 비즈니스 체제로 전환할 수 있는 대학 지주회사와 벤처 중소기업 간의 성공적인 제휴 사례가 늘고 있다.

예를 들어 한양대 기술지주회사는 2007년 창업한 벤처기업 픽플커뮤니케이션즈에 학내 사무실과 각종 하드웨어 인프라를 제공하고 직접 자금을 투자하는 한편 외부 자금 유치도 지원하고 있다. 지분 투자와 각종 인프라를 합해 수억 원대에 이른다. 픽플커뮤니케이션즈 주요 포털과 기업 홈페이지, 언론사 등이 운영하는 커뮤니티와 관련해 SNS 기술을 개발하고 있다. 또한 고려대 기술지주회사는 2010년 4월 KU디지털미디어랩에 1억 6,000만 원을 투자했다. KU디지털미디어랩은 벤처 중소기업으로 스마트폰 애플리케이션 개발 및 교육 콘텐츠 개발 등의 사업을 진행하고 있다.

브랜드 + 판매 + 생산 등의 복합 제휴

중소기업이 소비자의 신뢰를 받는 브랜드를 만드는 것은 결코 만만한 일이 아니다. 사실 소비재를 생산하는 중소기업이 자체 브랜드로 영업할 때 가장 크게 느껴지는 장벽은 '알려지지 않은 브랜드'라는 점이다. 이 문제를 해결하기 위해 일부 중소기업은 외부 브랜드와 제휴를 맺은 다음 유통 역량이 있는 또 다른 파트너와 제휴해 복합적인 제휴 형태로 사업을 진행하기도 한다. 그러면 브랜드 장벽이나 판로 개척을 하느라 역량을 분산시키지 않고 자사의 생산 역량을 최대화할 수 있다.

최근에 홈쇼핑 채널에 진출한 다양한 브랜드의 정수기가 대표적인 사례다. 정수기 시장의 강자인 웅진, 청호 등의 브랜드 정수기가 대리점과의 유통 문제로 홈쇼핑 채널을 확보하지 못하는 사이 한샘 정수기, 쿠쿠 정수기 등이 홈쇼핑 채널을 통해 합리적인 가격대의 정수기를 렌털 판매해 좋은 성과를 내고 있다. 한샘 정수기의 홈쇼핑 영업은 실제로 정수기 생산 역량을 갖춘 중소기업과 한샘과의 브랜드 제휴로 이루어졌다. 한샘이펙스라는 브랜드와 중소기업의 정수기가 만나 한샘이펙스정수기 제품이 만들어졌고, 여기에 홈쇼핑 전문 판매벤더와의 업무 제휴로 홈쇼핑에서 성공적으로 정수기 영업이 진행된 것이다.

학교와 협업으로 인력과 기술력 확보

밀레

밀레는 한 번 사면 20년 이상 사용할 수 있는 뛰어난 품질을 자랑하는 독일 명품 가전회사로 독일식 글로벌 강소기업의 성장사를 잘 보여주는 회사다. 1899년 설립되어 지금까지 4대 걸쳐 가족경영을 해오고 있다. 품질 제일주의와 무차입 경영 원칙을 한 번도 어긴 적이 없다.

밀레세탁기는 다른 세탁기보다 가격이 2~6배 비쌈에도 불구하고 재구매율이 96%나 된다. 밀레세탁기가 지닌 뛰어난 기술과 품질의 힘이 뒷받침되었기에 가능한 일이다. 자일러 기술 담당 사장의 말에 따르면 마케팅에는 전체 매출의 1~2%를 투자하지만 연구개발에는 6% 이상을 쏟아붓는다고 한다. 그리고 일반적인 가전업체들이 5~10년 정도 부품을 보유하는 것과 달리 밀레는 제품이 단종돼도 20년 동안 부품을 보유한다. 그만큼 수명이 길기 때문이다.

이처럼 뛰어난 품질의 제품을 만들기 위해 밀레는 높은 인건비를 감수하고 '메이드 인 저머니made in Germany'를 고집한다. 게다가 전 종업원의 60%가량 되는 이들의 근속연수는 25년이 넘는다.

독일 강소기업들은 학교와 협업을 통해 현장 중심의 숙련 인력을 양성하고 이를 통해 기술력을 확보하는데, 숙련 인력을 흔히 '마이스터'라고 한다. 학생은 일주일의 절반을 학교에서, 나머지는 기업 현장에서 도제로서 기술을 배운다. 도제 훈련을 마치면 해당 기업에 채용되니, 인력 양성과 취업이 선순환되는 구조다. 밀레에는 130명이 넘는 마이스터가 있다. 25년 이상 근속한 이들도 거의 마이스터 수준이다. 직장 내 마이스터 밑에서 일을 배우고 마이스터 자격증을 딴 이들도 많다. 이들이 밀레세탁기를 오늘날 명품으로 만든 것이다.

4

경영 성과를 높이는 고객중심경영

4

경영 성과를 높이는 고객중심경영

현장에서 반복되는 고객중심경영의 허상을 깨라

'고객중심'은 경영에서 아주 중요한 요소이다. 특히 중소기업의 경우 고객과의 접점에서 수행하는 여러 가지 경영활동에서 말이 아닌 행동으로 실천하는 고객 중심의 디테일 경영이 성과를 좌우한다.

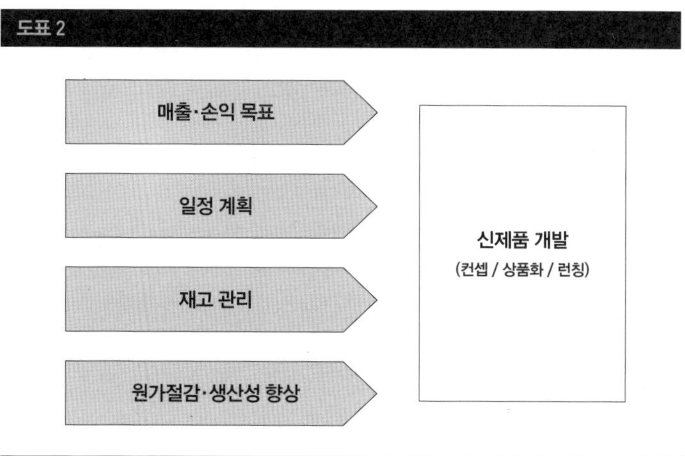

기업의 경영자는 직원들에게 항상 고객 중심으로 일하라는 말을 자주 언급한다. 하지만 경영자의 바람과 달리 현장에서 일하는 실무자들은 메이커 중심, 자기중심으로 일하는 경우가 많다. 왜 이런 현상이 벌어지는 것일까?

모든 기업은 해마다 경영 목표를 설정하고 이를 달성하기 위해 모든 구성원이 노력한다. 특히 영업사원은 1월부터 12월까지 1억 원, 10억 원, 100억 원 등 자기 목표를 세우고 목표를 달성하기 위해 최선을 다한다. 목표를 달성해야 진급도 잘되고, 연봉도 많이 받을 수 있기 때문이다. 그러다 보니 목표 달성을 위해서 수단과 방법을 가리지 않는 경우가 많다. 예를 들어서 거래처 바이어에게 돈봉투를 가져다주기도 하고, 술집 같은 곳에서 접대를 하기도 한다.

그것도 안 되면 월말에 대리점에 푸시 영업을 해서 물량 밀어내기를 하기도 한다. 회사는 '갑'이기 때문에 '을'의 입장인 대리점은 회사가 물건을 받으라고 하면 받지 않을 수가 없다. 하지만 대리점도 결국 사업을 해서 이익을 내야 하는데, 물건을 받아서 창고에 쌓아두기만 하면 현금 유동성에 문제가 되고 수익성이 나빠질 수밖에 없다. 그래서 회사에서 받은 가격 그대로 인터넷에 올려 물건을 처분해버린다. 가령 1만 원짜리 제품을 6,000원에 공급받아서 그 가격대 그대로 인터넷에 올리면 백화점이나 할인점에서 1만 원에 팔리는 제품이 인터넷에서는 6,000원에 팔리는 경우가 생기는 것이다. 이렇게 되면 브랜드

가치가 떨어져 결국 그 브랜드는 오래가지 못하고 시장에서 사라지게 된다.

이와 같은 현상은 기업이 고객중심이 아니라 철저하게 양적인 목표 중심으로 영업을 하기 때문이다. 목표에는 양적인 목표뿐만 아니라 질적인 목표도 있다. 양적인 목표는 매출이나 수익, 성장률 등을 말하는데, 양적인 목표를 어떻게 달성할 것인지는 전략과 전술이 결정한다. 이러한 전략과 전술이 바로 질적인 목표다.

고객 중심 경영을 하려면 질적인 목표 중심으로 움직여야 한다. 질적인 목표에는 영업활동목표, 상권 이해, 고객동선 분석,

영업 효율성 분석 등이 있다.

영업활동목표는 거래처 방문 빈도, 방문 시간, 거래처 정보를 탐색·활용하고, 고객과 거래처와의 관계를 잘 이루는 것이다. 상권 이해는 상권 특성이나 고객욕구, 고객의 만족·불만족, 경쟁사의 동향 등을 잘 파악해서 효과적으로 대응하는 것이다. 고객동선 분석은 고객이 매장안에 들어와서 나갈 때까지의 동선을 분석해서 POP를 어디에 부착하고, 회전율이 높은 상품을 어느 위치에 어떻게 진열했을 때 가장 매출이 많이 일어나는지를 분석하고 관리하는 활동이다. 그리고 영업효율성 분석은 판촉비를 집행할 경우 어떻게 집행하면 예산을 줄이면서 성과를 더 높일 수 있는지, 자사가 가지고 있는 수많은 상품들을 포트폴리오 분석을 통해서 제품의 특성에 따라, 이익이 많이 나는 상품은 이익이 많이 나는 상품대로 부진한 상품은 부진한 상품대로 어떻게 자원을 투입해서 성장시키고 끌어올릴 것인지를 디테일하게 분석하고 기획해서 실천하는 활동이다.

이러한 질적인 목표를 잘 수행하면 양적인 목표는 저절로 이루어진다. 하지만 안타깝게도 많은 기업들이 질적인 목표를 소홀히하고, 철저하게 양적인 목표만을 중요시하기 때문에 오히려 판매성과가 떨어지게 된다. 그리고 이러한 경영은 고객중심이 아니라 메이커 중심의 활동이라고 볼 수 있다.

 중소기업일수록 현장중심의 디테일이 성과를 좌우한다

슈퍼마켓이나 편의점 앞을 지나가다 보면 창문에 포스터가 붙어있는 경우를 자주 보게 된다. 이러한 포스터를 보면 깨알같은 글씨로 전체 면적이 꽉차게 많은 내용을 담아 만든 것도 있고, 어떤 포스타는 별로 내용은 없지만 헤드카피를 큰 글씨로 눈에 확 들어오게 만든 것도 있다. 많은 내용을 담은 포스터는 실무자가 나름대로 여러가지 내용을 고객한테 알리고 싶은 마음에서 그렇게 만든 것이겠지만 지나가는 고객의 눈에는 잘 띄지 않을 것이다.

즉, 실무자는 최선을 다해서 열심히 일을 했지만 지나가는 고객의 입장에서 고객을 배려하지 않고 자기중심적으로 만들었기 때문에 실질적으로는 시간과 비용만 낭비했을 뿐이다.

반면에 별로 내용은 없지만 고객이 관심을 갖을만한 핵심 키워드 중심으로 헤드카피를 크게 하면서 간결하게 만든 포스터는 지나가는 고객의 눈에 확 들어오면서 핵심내용이 잘 전달될 수 있을 것이다.

즉, 이렇게 만든 포스터는 실무자가 고객의 입장에서 고객을 배려한 것이라고 볼 수 있고, 노력한 만큼의 성과를 기대할 수도 있다.

이런 사소한 포스터가 매출에 얼마나 영향을 미치겠냐고 생각할 수도 있지만 이런 사소한 것들이 모아져서 결국 경영의 성과를 좌우한다.

"수학에서 100-1=99지만, 영업에서 100-1=0이다"라는 말이 있다. 1이라는 숫자가 작아 보이지만 이 1이 바로 디테일이다. 수없이 많은 고객을 만나는 고객과의 접점에서 이러한 작은 것 하나하나를 얼마나 고객입장에서 생각하고 실천하느냐에 따라 양적인 목표가 달라진다.

즉, 영업사원은 자신이 맡고 있는 거래처가 10개, 100개가 있다고 하면, 거래처 하나하나마다 고객의 입장에서 제품의 진열위치를 어떻게 바꿔야 하는지, 전단지나 포스터는 어느 위치에 어떻게 부착해야 고객의 눈에 잘 들어오는지를 분석하고 점검해서 개선해야만 숫자라고 하는 양적인 목표가 달성되는 것인데, 기업 현장에서는 이러한 질적인 목표들이 무시되어 버리고 오로지 숫자목표만 가지고 메이커 입장에서만 일을 하기 때문에 오히려 성과가 잘 나지 않은 것이다.

필자가 한 화장품 회사 대표이사로 있을 때도 이와 같은 사례를 자주 경험한 적이 있다. 7만 원짜리 신제품을 런칭했을 때의 일이다.

신제품을 할인마트에 진열한 다음날부터 전국 매장을 순회했는데, 어떤 매장은 판매여사원도 없는 매장에 제품을 알리는 인쇄물 하나도 없이 제품만 진열되어 있었고, 또 어떤 매장은 판매여사원이 집에서 컴퓨터로 본인이 직접 제품 설명문안을 만들어 진열된 제품 밑에 하나하나 붙여놓은 경우도 있었다. 처음 출시된 신제품을 아무 설명도 없이 제품만 진열한 매장은 이 제품이 도대체 어떤 제품인지 고객이 전혀 알 수가 없기 때문에 판매가 거의 되지 않았다. 7만 원이면 결코 적지 않은 금액인 데다가 화장품은 얼굴에 바르는 것인데 여사원도 없는 매장에 아무 설명도 없이 이런 방식으로 진열해놓으면 과연 누가 사겠는가?

결국 한 달이 지나서 유통업체로부터 반품을 요구받을 수밖에 없었다.

한번 반품이 되고나면 다시 입점시키기도 어렵기 때문에 회사에는 상당한 매출 차질을 가져올 수 밖에 없다.

반면에 판매여사원이 집에서 컴퓨터로 직접 제품설명 문안을 출력해서 인쇄물처럼 만들어 제품마다 설명서를 부착해놓은 매장은 몇 달 후 전국 매장 중에서 매출액 1위를 기록했다.

사소한 것 같지만 고객과의 접점에서 이루어지는 이러한 디테일한 현장 활동이 얼마나 소중한 것인지를 다시한번 일깨워주는 사례라고 할 수 있다. 더더욱 마케팅 자원이 충분하지 않은 중소기업은 신제품을 출시하면서 신제품의 이미지와 인지도를 높이기 위한 충분한 마케팅 자원을 투입할 수가 없다.

따라서 현장에서 일하는 실무자들이 이처럼 모든 일 하나하나를 수행함에 있어서 습관적으로 고객의 입장에서 생각하고 실천해야만 적은 마케팅 자원을 투입하고서도 성과를 높일 수 있음을 명심해야 한다.

어설픈 애사심이 회사를 어렵게 만든다

신제품을 런칭할 때면 다들 의욕이 넘친다. 대박을 칠 것이란 희망을 안고 각종 이벤트를 준비하며 마케팅 계획을 거창하게 세운다. 화장품 회사의 한 마케팅 담당자가 다음과 같이 신제품 계획을 발표했다.

"우리 회사에 중요한 주력제품이 될 터이니 마케팅 자원을 집중할 것이며 회사 창립기념일에 맞춰서 런칭할 계획입니다. 그리고 출시 기념으로 전 직원들에게 'I LOVE ○○○ 브랜드'라고 인쇄가 된 티셔츠를 만들어 나누어주겠습니다."

이 담당자의 발표 내용에는 두 가지 문제점이 있다.

첫째, 신제품 출시일자를 철저하게 메이커 중심으로 정하고 있다는 점이다. 화장품의 경우 여름에 쓰는 화장품과 겨울에 쓰는 화장품이 다르다. 따라서 주력으로 키울 신제품이 어느 계절, 어느 월에 출시해야 고객의 욕구나 피부상태에 잘 맞는지를 잘 검토해서 출시일자를 정해야 한다. 그럼에도 불구하고 막연하게 주력제품이기 때문에 회사 창립기념일에 맞춰서 출시하겠다고 하는 것은 철저하게 메이커 중심의 발상이며, 어설픈 애사심이 회사를 오히려 더 어렵게 만들 수 있음을 간과한 발상이다.

둘째, 티셔츠 문구다. 직원들이 'I LOVE ○○○ 브랜드'라고 적힌 티셔츠를 입고 있으면 지나가는 고객들이 이 문구를 뭐라고 읽을까? '나는 ○○○브랜드를 사랑한다.'이렇게 읽게 될 것이다. 이것은 지나가는 고객들한테 충성맹세를 시키는 것과 마찬가지인 셈이다. 진정으로 고객 중심이 되려면 '○○○브랜드 LOVE YOU'라고 해야 한다. '○○○브랜드는 고객 여러분을 사랑합니다'라고 해야 진정한 고객 중심인 것이다. 사소해 보이는 이런 활동들 하나하나가 고객중심으로 실천되면 양적 성과는 자연스럽게 달성될 수 있을 것이다.

A/S를 없게 하는 신제품 개발

기업에서 신상품을 개발하는 경우 대체로 다음 표와 같은 과정으로 진행한다.

컨셉 개발	• 시장 분석 • 아이디어 도출 • 아이디어 스크리닝 • 컨셉 개발	마케팅·연구
상품 기획	• 상품 기획 입안 • 디자인 기획 • 사업성 분석 • 상품화 검토 및 평가	마케팅·디자인 연구
설계 단계	• 개발팀 구성 • 개발계획 수리비 • 개발계획 승인 • 도면 / BOM 검토 • 설계승인	마케팅·자재 디자인·품질
E/S 단계	• 목업제작 • E/S 인증 시험 • 문제점 수정(보완) • E/S 품평회	품질·생산·연구 자재·디자인 마케팅·영업
DPP 단계	• 금형발주 • DPP 조립 • DPP 인증시험 • 개선 및 보완 • DPP 품평 • LPP 계획 및 자재 발주	생산·자재·연구 디자인·마케팅 영업
LPP/MP 단계	• LPP 조립 • LPP 인증 시험 • 개선 및 보완 • LPP 품평 • MP 계획 및 자재발주 • MP품평 및 양산 • 자재수입검사 • 공정검사 • 양산품질회의	연구·생산·자재 디자인·마테팅 영업
출시 준비	• 런칭 마케팅 계획 수립 • 영업 지원 준비 • 교육 이벤트 준비 • 시장테스트 출시	영업·홍보 생산·연구
출시 후 관리	• 시장반응 Tracking • 내부 정보 수집 • 출시평가 • A/S 진행 • 사후대책 • 전략 보완	영업·품질 연구소

각 단계별로 고객의 의견을 듣거나 고객의 욕구를 검증하는

과정이 필요하다. 하지만 각 단계마다 이런 과정을 거치면 많은 시간과 비용이 필요하므로 고객의 의견을 반영하지 않고 회사 구성원들의 생각만으로 제품을 만드는 경우가 많다. 현실적으로 힘든 것은 사실이지만 그래도 어떤 의사결정 과정에서는 고객 검증이 반드시 필요하다. 고객 검증을 제대로 거치지 않기 때문에 A/S 문제가 발생하는 것이다.

물론 대부분 기업들이 A/S에 최선을 다한다. 하지만 아무리 A/S를 잘해줘도 그것은 50%의 고객만족에 불과하다는 사실을 깨달아야 한다. 진정한 100%의 고객만족은 애초에 A/S가 생기지 않게 만드는 것이다. 그러려면 제품을 만드는 각 단계에서부터 철저하게 고객 검증을 하고, 고객의 의견을 반영해서 제품을 만들어야 한다. 고객의 관점이 아닌 기업의 입맛대로 제품을 만들고, 시장에 출시된 이후 고장이 생기거나 클레임이 생기면 그것을 잘 고쳐주려고 경쟁하는 것은 50점짜리밖에 되지 않는다.

품질 떨어뜨리는 원가절감은 의미가 없다

회사에서는 늘 원가절감과 생산성 향상을 강조한다. 특히 원가절감을 위해 직원들한테 이것저것 많은 것을 요구한다. 하지만 원가절감이라는 것도 고객의 관점에서 생각해볼 필요가 있다.

기업에서 10억 원의 이익을 내려면 100억 원, 200억 원어치를 팔아야만 하는데, 그만한 매출을 올린다는 것이 사실 쉽지가 않다. 반면 10억 원을 원가절감할 경우 그 10억 원이 그대로 이익이 된다. 그래서 회사에서는 원가절감을 강조하는 것이다.

그런데 문제는 회사가 생각하는 원가절감과 실제 현장에서 실무자가 실천하는 원가절감은 상당히 갭이 있다는 것이다. 실무자들은 중국 같은 곳에서 아주 싼 원재료나 부품을 구입해서 원가를 줄이려고 한다. 그러면 겉보기에는 똑같아도 불량이 많이 생겨 결국 비용이 더 커지는 경우가 많다.

실제 고객의 관점에서 품질을 높이는 원가절감이 이루어져야지 품질을 떨어뜨리는 원가절감은 별 의미가 없다는 사실을 명심해야 한다. 현장에서는 항상 고정비를 줄이고, 근검절약을 해서 불요불급不要不急한 예산 낭비를 방지하기 위해 노력해야 한다.

중소기업일수록 고객중심경영 원칙을 고수하라

고객중심경영은 경영 성과를 높이는 아주 중요한 비결이다. 특히나 중소기업은 대기업에 비해 자원이 부족하기 때문에 현장에서 철저하게 고객중심으로 작은 것부터 디테일하게 실천해야 한다. 그래야 적은 자원으로 보다 높은 성과를 낼 수 있다.

우리나라 경영의 역사를 보면, 1970년대에는 가격으로 경쟁했고, 1980년대에는 품질로 경쟁했다. 1990년대는 고객만족을 언급하기 시작했고, 2000년대에 들어서는 고객만족이 아니라 고객을 감동시켜야 한다는 게 큰 흐름이었다. 그러다가 2010년 이후에는 고객을 행복하게 해주자는 고객행복경영이 주요 경영전략으로 대두되었다. 여기서 고객을 행복하게 만드는 것은 한 고객 담당자에게만 해당하는 이야기가 아니다. 전사의 모든 직원과 조직이 현장 중심으로 구축되고, 한마음으로 고객중심경영을 실천해서 진정으로 고객을 행복하게 만들어야 한다는 것이다. 그래야 경영성과를 높일 수 있다.

　오늘날 시장은 기업 중심이 아닌 소비자 중심으로 움직이는 마켓3.0의 시대다. 마케팅의 아버지라 불리는 필립 코틀러는 자신의 저서 《Market 3.0》에서 오늘과 같은 시장을 '마켓3.0'이라 명명하면서 "소비자에게 이성으로 호소하던 마켓1.0 시대에서 감성과 공감에 호소하는 마켓2.0 시대를 거쳐 이제는 소비자의 영혼에 호소하는 마켓3.0 시대에 접어들었으므로 이를 먼저 준비하고 대비하는 기업만이 살아남는다."라고 말했다. 다시 말해 마켓3.0 시대에는 단순히 고객을 하나의 개체로 바라보아서는 안 되며, 고객의 생각이나 정신까지도 수용해야 하고, 기업은 이윤 추구뿐만 아니라 사회적 가치를 높여주는 경영을 해야 한다.

과거 매스미디어 시대에는 텔레비전이나 신문, 잡지, 라디오 등을 통해 기업의 상품이나 서비스에 대한 정보를 고객에게 수직적·일방적으로 전달했지만, 지금은 소셜미디어를 통해서 고객과 기업이 수평적으로 커뮤니케이션을 하는 시대이다.

요즘 고객 가운데는 스스로가 정보를 생성해서 인터넷 카페나 블로그에 올리는 이들이 많은데, 이런 고객을 프로슈머prosumer라 한다. 프로슈머는 생산자producer와 소비자consumer의 합성이다. 다시 말해 기획, 개발, 디자인 등 상품 출시 전에 이루어지는 일련의 생산과정에까지 직간접적인 영향을 미치는 전문적이고 생산적인 소비자다. 프로슈머는 기업의 경영 활동에도 직간접적으로 참여하고 있다.

마켓3.0 시대에는 고객을 행복하게 해주고, 공공의 이익, 사회적 가치를 높여주는 활동이 중요하다. 고객을 진정으로 배려하고, 사랑하고, 진정성을 가지고 서로 상생하는 경영, 즉 사회적 기업, 착한 기업이 경쟁력을 가질 수 있다. 실시간으로 소비자들이 기업을 감시하고 소셜미디어를 통해 칭찬하고 비판하기 때문에 도덕적으로 문제가 있는 기업은 존립 자체가 어렵다. 이제는 착한 기업만이 살아남을 수 있다. 특히 자원이 부족한 중소기업일수록 이러한 고객중심경영을 철저하게 실천하고

착한 기업이 되어야 많은 마케팅 자원을 투입하지 않고도 시장
에서 살아남을 수 있다.

철저히 고객중심 실천

봉구스밥버거

고객중심경영을 실천한 기업으로 봉구스밥버거와 카카오톡
의 사례를 살펴보겠다. 두 업체 모두 젊은이의 욕구나 트렌드
를 잘 반영해 성공한 기업이라는 공통점을 가지고 있다.

봉구스밥버거는 햄버거 빵 대신 밥을 이용하고 햄버거 패티
대신 참치, 볶은 김치, 돈가스, 치즈, 제육볶음, 멸치, 닭갈비,
소불고기 등을 넣은 햄버거 형태를 띤 일종의 주먹밥이다. 한
국인의 입맛에 맞는 다양한 재료를 이용해 맛과 영양을 충족시
킨 데다 한 공기 반 분량의 밥이 들어가 한 끼 식사로도 손색이
없다. 게다가 가격이 저렴해 주머니 사정이 좋지 않은 학생들
이나 젊은이들에게 인기가 좋다. 2009년 단돈 10만 원으로 길
거리에서 장사를 시작한 오봉구본명 오세린 씨는 밥버거를 개발해
고객들에게 폭발적인 인기를 끌었고, 이후 프랜차이즈를 만들
어 2014년 5월 현재 800개의 가맹점이 영업 중이다.

카카오톡은 창업 초기부터 이윤 추구가 아니라 가치 추구를
했다. 또 일반적인 상품이 타깃팅을 통해서 매출을 확대시키는
반면에 카카오톡은 처음부터 타깃팅이 아닌 사람과 사람 간의

네트워크에 초점을 맞췄다. 그 결과 1억 명 이상의 고객을 확보했다. 특히 창업 초기에 문자서비스를 무료로 해줌으로써 고객가치를 높였다. 게임, 플러스친구, 카카오페이지, 카카오스토리, SNS 쇼핑 콘텐츠 등 각종 서비스를 제공함은 물론이고, 서비스와 어플리케이션도 지속적으로 개발하고 있다.

카카오톡은 커뮤니케이션뿐만 아니라 모바일에서 최적화된 다양한 디지털 콘텐츠 유통 채널이기도 하다. 특히 플러스친구는 사용자가 좋아하는 브랜드나 스타, 쇼핑정보, 잡지, 방송 등의 콘텐츠를 친구로 추가하여 다양한 콘텐츠를 선별해서 받아보게 한 모바일 마케팅 플랫폼이다.

이제는 착한 기업만이 살아 남는다

고객과 공감대를 형성하고 호응을 얻는 관계를 만들어가려면 고객에게 져주면서 이겨야 한다. 져주면서 이기려면 상대방에게 자세를 낮추어야 하고 약간의 자기희생이 필요하다. 이것을 우리는 "아름답다."라고 말할 수 있다.

아름다움을 한문으로 쓰면 미美 자인데, 미美 자는 양羊 자에 큰 대大 자가 합쳐진 것이니 아름다움은 큰 양大羊을 의미하는 셈이다. 옛날 유대인들은 양을 하나님께 제물로 바쳤다. 기독교에서는 예수를 '하나님의 어린 양'이라고 한다. 그래서 양은 착하고, 아름답고, 희생을 상징하는 동물로 인식된다. 즉 아름다움은 큰 양을 의미하고, 큰 양은 큰 희생을 의미한다.

우리가 어려운 시기에 서로 양보하고 조금 더 희생하는 것, 그것이 져주면서 이기는 것이고, 그런 사람이 곧 아름다운 사람이다. 2009년 2월 16일 김수환 추기경이 선종하자 수십만 명의 인파가 추모행렬에 참석한 것도 일생 동안 자기를 낮추며 희생하는 삶을 살아온 그분이야말로 정말 아름다운 분이라고 느꼈기 때문일 것이다.

가정에서나 사회에서나 양보하고 져주면서 진정성 있게 소통하는 사람, 내 얘기보다는 상대방으로부터 더 많은 얘기를 들어주고 경청하는 사람이 진정으로 존경받는다.

기업이 보다 많은 매출과 이익을 창출하기 위해서는 회사의 상품과 서비스를 구입해주는 고객에게 져주고 양보하는 경영을 해야 한다. 성공한 기업은 고객과 싸우지도 변명하지도 않는다. 고객이 어떤 클레임을 제기하면 일단은 고객의 말이 맞다고 인정하고 개선하려는 노력을 기울인다. 그러면 고객은 그 기업의 상품과 서비스를 계속 이용하게 된다.

반면에 고객이 클레임을 제기하는데 변명을 늘어놓거나 오히려 고객이 틀렸다며 고객을 이해시키려 들면, 고객은 자신이 제기한 불만이 해소되지 않았기 때문에 계속해서 마음속에 그 기업의 상품과 서비스에 대한 불만을 갖는다. 결국 그다음부터는 그 기업의 상품을 거들떠보지도 않게 될 뿐만 아니라 다른 사람한테까지 불만을 전파해 다른 고객까지 이탈시키게 만든다.

고객은 화술로 자신을 설득하려는 영업사원은 별로 신뢰하지 않는다. 차라리 진심이 담겨 있는 태도나 행동이 더 효과적이다. 얼굴 표정, 억양, 태도, 몸짓 같은 비언어적 커뮤니케이션이 고객에게 더 신뢰감을 주고 심정의 변화를 유도할 수 있게 한다. 특히 자신의 의견을 끝까지 경청해주고 자신을 존중해주는 사람에게 호감을 갖는다.

그래서 "기업 경영자들은 실제 70%의 시간을 고객과의 소통을 위해 사용하고, 기업의 문제 중 70%는 소통의 장애로 야기된다."라는 말이 있다. 그만큼 기업경영에서 소통은 매우 중요하다는 것을 의미한다.

한편 요즈음에는 불량고객에 대한 인식이 부각되면서 불량고객을 퇴출시켜야 한다는 얘기들이 많이 나오고 있다. 하지만 이런 불량고객도 선별해서 우량고객으로 만드는 방안을 찾아야 한다. 결국 고객과의 진정성 있는 눈높이 소통을 통해 고객이 원하는 것을 찾아주고 고객의 감성가치를 높여주는 기업이 성공하고 고객으로부터 끊임없이 사랑을 받는다.

더 나아가 사업으로 벌어들인 수익의 일부를 이웃과 사회에 환원하는 기업은 고객으로부터 더 큰 사랑을 받고, 이런 기업들이 강한 경쟁력을 가진다. 이것을 '사회적 마케팅Social Marketing'이라고 하는데, 사회적 마케팅은 나눔경영 또는 공존공영의 마케팅이다. 사회적 마케팅은 고객을 감동시키고 고객의 감성가치를 높여주는 고객중심의 빅 마케팅이다.

요즈음 많은 기업에서 임직원들이 최소한 한 달에 하루 정도는 고아원이나 양로원 같은 우리 사회의 그늘진 곳에서 외롭게 살아가는 사람들을 찾아가 봉사활동을 하는데, 이 역시 사회적 마케팅이다. 직접 봉사활동을 하는 임직원에게는 어려운 이

웃을 위해 일했다는 뿌듯함과 행복감을 갖게 하고, 기업의 브랜드 이미지를 좋게 해 회사의 매출과 수익도 향상된다. 최근에는 연예인들의 기부 활동도 활발해졌다. 금전 기부나 홍보대사 등 일회성 이벤트에서 골수이식, 장기기증은 물론 목소리, 노래 등의 재능기부까지 활동 내용도 다양해지고 있다. 나누는 것은 아름답고 모두를 행복하게 하는 일이다. 그리고 착한 기업이 될수록 회사 이미지가 좋아져 경영성과가 올라가고 강한 기업이 된다

법적 대응 대신 고객의 요구 수용

레고

어린이 조립식 장난감 완구를 개발해온 레고와 MIT가 공동 연구를 통해 1998년 최첨단 미래형 로봇 장난감인 마인드스톰을 내놓았다. 그런데 마인드스톰이 출시된 지 얼마 지나지 않아 프로그램이 해킹당해 모든 코딩 내용과 소스가 세상에 공개되어 버렸다. 그러자 레고가 생각지도 못한 갖가지 개조품이 세상에 쏟아져 나왔다.

레고는 법적 대응을 고려하기도 했지만 고민 끝에 마인드스톰 프로그램 원본을 공개해 소비자들이 이를 마음껏 활용하게 했다. 이 일을 계기로 오히려 열성적인 커뮤니티가 생겨나면서, 그 수가 전 세계적으로 4,000여 개에 이르게 되었다. 마인

드스톰 팬들이 경쟁적으로 제품 디자인과 프로그램을 업그레이드시킨 마인드스톰은 원래 프로그램보다 더 발전된 프로그램을 갖추게 되었다. 그 결과 아이들을 주 타깃으로 삼았던 레고의 의도와 달리 마인드스톰의 사용자는 성인이 훨씬 많아졌다.

마인드스톰 해킹 사건 이후 레고는 소비자와의 교감을 확대하고 결속력을 강화하고 있으며, 소비자들을 제품 개발에 적극 참여시키고 있다. 레고는 매년 두 차례 열성팬을 초청하여 레고 시설을 견학하고 디자이너, 개발자, 모형 제작자를 만나는 기회를 제공한다. 그리고 대화형 웹사이트인 LEGOfactory.com 회원들이 가상의 레고 세계를 만들고 공유하며 실제로 모형을 만들 수 있도록 필요한 블록을 공급해준다. 또한 '레고 유니버스'등 레고 캐릭터가 등장하는 온라인 게임을 적극 지원하고 있다.

레고는 제품 평가, 제품 디자인 등에 소비자를 참여시켜 고객 충성도를 높이고, 네피니언 리더Nepinion Leader, 사이버 공간에서 소비자 여론을 주도하는 사람를 선발해 소비자 커뮤니티 회원들을 신기술 시연회에 참여시킨다. 3D 디자인 소프트웨어인 '레고 디지털 디자이너'를 활용해 소비자가 제품을 설계하게 함으로써, 시장성 있는 제품을 시판하고 제품 박스에 이를 디자인한 고객의 얼굴과 이름을 새기고 수익도 배분한다. 이처럼 레고는 소비자들과 소통하고 참여시켜 소비자를 자사의 팬으로 만들고 지속적으로 발전하고 있다.

고객중심, 이론이 아니라 습관이고 실천이다

마케팅은 기업이나 개인의 궁극적인 매출과 수익을 목표로 기업의 최종 고객인 소비자와의 교환관계를 원활히 하기 위해 상품Product, 가격Price, 유통Place, 판매촉진Promotion 등의 네 가지 전략적 수단을 기획하고 집행하는 총체적인 활동이다. 이를 마케팅 4P믹스 전략이라 한다. 이는 기업의 입장에서 바라본 관점이다. 이러한 마케팅 활동의 성과를 극대화하기 위해서는 모든 전략과 전술에 고객의 욕구가 반영되어야 한다.

고객 입장에서의 고객편익Customer Benefit, 고객비용Customer Cost, 고객편의Customer Convenience, 고객 커뮤니케이션Customer Communication 등 마케팅 4C믹스 전략이 되어야 한다.

첫째, 고객은 상품을 구매할 때 단순히 상품 그 자체보다는 편익을 구매하는 것이다. 예를 들어 여행상품을 구매할 때는 자신만의 여유와 즐거움을 사는 것이고, 식품을 살 때는 맛을 사는 것이고, 화장품을 살 때는 아름다움을 사는 것이다.

둘째, 상품의 가격은 기업의 입장에서 보면 원가에 적정 마진을 붙인 마케팅 믹스 요소 중 하나이지만, 고객의 입장에서는 편익을 얻기 위해 부담하는 비용이다. 따라서 신상품의 가격을 산정할 때 단순히 원가를 산정해서 거기에 회사의 적정 마진을 더해 가격을 선정하는 방식이 아닌, 그 상품이 주는 고객 편익을 먼저 정하고 고객이 얼마의 비용을 지불하고 그 편익을 구입할지를 검토한 다음, 거꾸로 유통 마진과 회사 마진을 감안해서 목표원가를 얼마로 정할 것인지 생각해야 한다.

셋째, 유통은 고객이 원하는 편익을 원하는 장소에서 원하는 시간에 구입할 수 있도록 고객의 편의성을 높이고자 하는 것이다. 인터넷 쇼핑을 하는 사람들이 늘어나는 이유도 시간과 장소를 가리지 않고 쇼핑할 수 있는 편의성이 있기 때문이다.

넷째, 커뮤니케이션은 기업이 제공하는 편익에 대한 정보를 얻고 편리하게 활용할 수 있도록 하는 것이다. 따라서 커뮤니케이션에 대한 전략은 기업이 원하는 세분화된 고객층에 편익 정보를 가장 효과적인 방법으로 전달한다는 측면에서 수립되어야 한다.

이처럼 매출과 수익성 향상을 위해 전략과 전술의 마케팅 믹스 요소들을 운용하는 것도 과거와는 달리 철저하게 고객중심으로 수립하고 실행해야 한다. 특히 사업 성공을 위해 이러한 마케팅 믹스 요소를 운용함에 있어서 경쟁자보다 단 1%만이라도 다르게 고객중심으로 실천하면 그 결과는 크게 달라질 수 있다.

서울 양재동의 한 오리고기 음식점에서는 손님이 와서 자리를 잡으면 주인이 약주를 주전자에 담아와 손님 앞에 무릎을 꿇고 "저희 식당을 찾아주셔서 대단히 감사합니다."라고 인사를 하며 약주를 두 손으로 권한다. 이 주인은 60세가 넘은 머리가 허옇게 센 분이지만 20대 손님한테도 똑같이 행동한다. 손님은 주인의 행동에 당황하면서도 절로 감동하게 되고, 이 식당을 다시 찾게 된다.

대기업에서 퇴직한 한 임원은 퇴직금으로 경기도 시흥에서 임대료가 싼 허름한 건물 4층에 식당을 차려 수십억 원의 돈을 벌었다. 식당 주인은 식당 위치가 4층인 만큼 개인 손님보다는 단체 손님을 많이 받기 위해 향우회, 동창회, 조기축구회 등과 같은 모임 활동에 빠지지 않고 참석해서 힘들고 어려운 일을 도맡아 하면서 회원들 한 사람 한 사람과 친밀한 관계를 맺었다. 그러자 자연스레 이 식당에서 모임을 갖게 되었고, 회원들의 회갑연이나 결혼식 피로연까지도 연결할 수 있었다.

그리고 손님들의 만족감을 높이기 위해 음식 맛을 내는 데 투자를 아끼지 않았고, 서비스 마인드를 식당 운영의 가장 중요한 원칙으로 삼았다. 서비스 중의 하나로, 손님이 식사를 하고 계산을 할 때, 거스름돈으로 항상 빳빳한 새 돈을 주었다. 이를 위해 매일 은행에서 1000원짜리와 5000원짜리 새 돈을 바꿔와 준비해두었다. 늘 한결같이 이런 정성을 보이자 손님들은 정말 친절한 식당이라는 생각을 하게 되었고, 주변 사람들에게도 입소문을 내었다. 그 결과 그 식당은 아주 친절한 식당이라는 이미지를 갖게 되었다.

연인들만을 위한 조용한 분위기의 카페나 식당이라면 칸막이를 만들어 그들만의 공간을 만들어주고, 밤늦은 시간에는 촛불타임을 만들어 그들만의 프러포즈나 약속의 시간을 갖게 함으로써 평생 잊을 수 없는 추억의 장소가 되게 하는 것도 카페나 식당 사업을 성공시킬 수 있는 하나의 방법이다. 그리고 특정인을 위한 전문화된 음식점을 만들어 목표타깃 고객들의 기호와 취향을 100% 만족시키는 것도 사업을 성공시키는 좋은 방법이다.

손님의 특징을 기억해두었다가 다음번에 방문했을 때 아는 척을 해주는 센스로 단골고객을 만들 수도 있다. 올 때마다 같은 정식을 두 번 연속 시킨다면, 메뉴의 일부에 변화를 주거나 계산할 때 대화를 통해 자연스럽게 손님의 만족도나 음식 성향을 파악해두는 것도 좋다.

이처럼 고객을 감동시키고 고객을 위해 최선을 다하는 노력이 결국 사업을 성공하게 하는 요인이 된다. 하지만 다들 이런 작은 정성과 1%의 차별화가 매출에 많은 영향을 미친다는 것을 알면서도 실천하지 못한다. 그래서 생각보다 부자가 많지 않은 것이다. 고객만족이나 고객감동은 머릿속으로만 인지하고 실천하지 않으면 아무 소용이 없다. 즉 고객만족은 이론이 아니라 습관이고 실천인 것이다.

일본 산골마을의 착한 강소기업
나카무라레이스

나카무라레이스는 일본열도 서쪽에 붙은 변두리 시마네현에 있는 중소기업이다. 대중교통을 여러번 갈아타야 겨우 닿는 한적한 곳에 세계가 주목하는 전문기술을 지닌 강소기업이 위치해 있다. "장소가 중요한 게 아니라 좋은 걸 만들면 반드시 평가받을 것"이란 생각을 고집한 나카무라 토시로가 창업한 회사로써 주력사업은 의료기기 제조다. 신체기능을 도와주는 보정補正기기 회사다. 손발을 잃었을 때의 보조기기와 손발은 남았지만 기능마미, 관절변형 때 쓰는 보조기기를 비롯한 200여종에 이르는 다양한 제품을 보유했다.

나카무라브레이스는 약자를 위한 회사라고 할 수 있다. 사고나 질병으로 신체일부를 잃어버린 사람들에게 희망을 안겨주는 사업모델을 가지고 있기 때문이다. 실제 회사의 경영이념은 고객이나 직원만족을 통한 사회공헌의 실천이다. 고객만족을 위해선 가장 뛰어난 기술이 반영된 일류제품 개발과 제공이 필수다. 신체 일부를 단순히 물리적으로 보충하지 않고 사용자의 자기존경과 자기사랑까지 회복시키기 위한 제품을 고집하는 이유다. 예술개념이 반영된 인공유방이 대표적이다. 뛰어난 제품 기능과 아름다움에 감탄한 고객들의 사연도 줄을 잇는다. 일본에서 고객으로부터 감사편지를 가장 많이 받는 회사로도 알려졌다. 산골마을의 강소기업 탄생엔 이렇듯 철저한 고객만족이 큰 역할을 했다.

이 과정에서 경영의 효율성은 상대적으로 덜 중요시 된다. 예를들어 기기를 제품에서 예술로 승화시키는 메디컬아트연구소가 20년 가까이 적자다. 이 연구소를 없애면 이익규모가 더 커지지만 경영자는 그럴 생각이 없다. 높은 기술력과 고객만족은 전체 회사의 브랜드파워 상승으로 연결된다. 회사엔 독자적인 판매망이 없이 위탁판매 한다. 영업사원도 없다. 오직 개발과 제조에만 집중한다.

나카무라브레이스 이름이 널리 알려지게된 것은 유방암으로 가슴을 절제한 여성을 위한 인공유방 개발에 성공하면서부터다. 실리콘 고무로 만든 인공유방은 옆에서 볼 때의 모양까지도 정밀하게 계산해서 만들었다. 혈관은 물론 미묘한 주름살까지 완벽하게 재현했다. 이를 계기로 회사의 기술력은 단기간에 업그레이드됐다. 회사제품을 봤거나 써본 사람들은 "마치 살아있는 듯 압도적인 사실감"에 감탄한다. 그러면서도 환자입장을 고려해 쓰기 편하게 배려했다. 고객만족은 사실 직원만족이 있었기 때문에 가능하다. 직원들의 회사에 대한 애사심과 만족도가 높다. 현장분위기는 젊고 열정적이다. 직원들의 표정은 밝고, 자부심과 만족감이 넘친다. 직원들은 도쿄·오사카 등 대도시에서 일부러 이곳에 찾아와 취직한 경우가 많다. 다리를 잃고 자포자기였던 한 여학생은 "나 같은 사람을 위해 의족을 만들고 싶다"며 편지를 보내 결국 입사하기도 했다.

직원과의 신뢰관계는 확고한 경영철학이었다. 문제가 있어도 믿고 맡기니 젊은 직원들은 열심히 일할 수 밖에 없다. "눈앞의 한 명 한 명을 중요하게"라는 경영자의 생각은 결코 틀리지 않았다. 신뢰는 보답으로 돌아왔다. 일상적인 휴일반납이 그렇다. 회사휴일은 주말이다. 하지만 많은 사원이 주말에도 출근한다. 사장이 아무리 쉬라 해도 몰래 출근하는 일이 많다고 한다. 일의 특성상 상당한 시간이 걸리기에 한시라도 빨리 완성하는 게 고객에게 도움이 된다는 이유에서다. 이러한 마음이 고객에게 전달되는 건 물론이다. 실제 의지장구는 주문식 수작업이 많다. 손길이나 발모양 등이 모두 달라 개별고객에 맞게 대응하는 게 필수다. 또 제작 땐 모형마다 고객이름을 붙여 정성을 다한다. 고난도 작업이 끊이지 않는 배경이다. 실제 혈관·지문·털 등을 진짜 피부처럼 재현해내는 걸로 유명하다.

고객만족이나 직원들에 대한 신뢰는 궁극적으로 지역을 변화시키는 결과를 가져왔다. 제품혁신, 매출증대, 기업성장으로 인해 황폐한 시골마을을 사람이 북적대는 유명 지역으로 탈바꿈시켰기 때문이다. 산골마을은 새롭게 고쳐져 종업원의 기숙사나 사택으로 제공됐고, 점포도 점차 활성화되기 시작했다.

나카무라브레이스는 일본은 물론 세계에 꼭 필요한 회사를 지향한다. 그래서 없어서는 안될 제품을 만든다. 급성장하진 않지만 끊임없이 한 길을 걸으며 많은 사람들의 웃음을 찾는 데서 보람을 느낀다. 특히 사회공헌의 대표적인 기업으로 이미지가 굳어졌다.

역지사지 마인드로 중소기업 경쟁력을 높여라

고객중심으로 사고하고 이를 행동으로 옮기는 기업은 많지 않다. 왜 그럴까?

첫 번째 이유는 사람들은 자기가 과거부터 해오던 습관이 있고, 소속된 조직의 규칙과 프로세스에 젖어 있어 자신의 습관과 행동이 최선이라고 착각하는 경향이 있기 때문이다. 하지만 법이 아닌 관습이나 규칙, 프로세스 등은 얼마든지 바꿀 수 있다. 또한 고객 입장에서 돌아보면 개선할 것이 많다는 것을 깨달을 수 있다.

예전에 다니던 회사에서 있었던 일이다. 한 여직원에게 공장에 생산 협조를 의뢰하는 업무연락서를 보내라고 지시했다. 얼마 뒤 그 여직원이 업무연락서를 작성해 왔는데 그걸 본 순간 몹시 당황스러웠다. 업무연락서를 작성할 때는 서류 상단에 '업무연락'이라는 단어를 제목처럼 크게 다는 것이 관행인데,

그 여직원이 가져온 서류에는 '업무연락'이라는 단어 대신에 '함께 뜁시다'라는 문구가 적혀 있고 그 아래에 생산협조를 의뢰하는 내용이 들어 있었던 것이다.

마치 대학생들이 대자보에 많이 사용하는 표현을 그대로 옮겨놓은 느낌이었다. 그러나 입사한 지 1년도 안 된 신입사원에게 야단을 칠 수도 없어 그냥 돌려 보내놓고 한참을 고민했다. 결국 그 여직원을 다시 불러 그대로 결재해주고 공장에 보내도록 했다.

회사에 정해진 업무연락서 양식을 따르지 않은 것을 문제 삼을 수도 있었지만, '업무연락'이라는 상투적인 단어보다 '함께 뜁시다'가 오히려 현장에서 일하는 직원들에게 더 호소력 있게 전달될 것 같았고, 협조 의뢰 취지에도 더 부합한다는 생각이 들었다. 물론 조직에는 규칙이 있어야 하지만 이 정도의 변화를 주었다고 회사에 크게 불이익이 될 게 없고, 오히려 고객중심적이고 참신하다는 판단을 내린 것이다.

이처럼 고객의 입장에서 생각해보면 보다 효율을 높이고 성과를 향상시킬 수 있는 여러 가지 방안이 있음에도 불구하고, 우리는 자신도 모르게 기존의 방법이나 관행을 당연시하고, 습관적으로 과거 방식을 고집하는 경향이 있다. 그러므로 자신이 하고 있는 모든 업무나 생활방식이 늘 옳은 것만은 아닐 수 있다는 생각을 갖고 고객의 관점에서 다시 판단해 보아야 한다. 기업 역시 자사가 취급하고 있는 상품이나 서비스가 고객 입장에서 보면 완벽하지 않을 수도 있다는 것을 인정하고 상품이나 서비스를 끊임없이 개선하고 변화를 주어야 한다.

두 번째 이유는 사람들이 무의식적으로 자기중심적으로 사고하고 행동하기 때문이다.

주변에서 말다툼을 하는 사람들을 보면 상대방의 말을 끝까지 들어주지 않고, 목소리를 높여가며 자기주장만 열심히 하는 경우가 많다. 그러면 상대방은 무시당한 기분이 들어 더 화가 나서 싸움이 쉽게 끝나지 않고 앙금이 오래간다. 회사에서도 마찬가지다. 직원들과 회의를 하다 보면 남의 얘기를 들으려 하지 않고 자기 얘기만 열심히 하는 사람이 있다. 이는 상대를 배려하지 않는 자기중심적인 행동이다. 신상품을 개발할 때 소비자에게 주는 편익이나 사용상의 편리성보다 원가절감이나 회사 손익에 도움이 되는 방향으로만 의사결정을 하는 것도 자기중심적인 행동이다.

사람들은 말을 잘하는 사람보다 자기 말을 잘 들어주는 사람을 더 좋아한다. 그래서 입은 하나지만 귀는 두 개인지 모른다. 상대의 마음을 움직이는 힘은 입이 아니라 귀에서 나오는 것이다. 남을 먼저 배려하고 자기중심이 아닌 상대방 중심으로 생각하고, 나를 낮추고 상대를 높여주면 상대는 나를 따르게 되어 있다. 즉 고객중심은 역지사지의 마인드이다.

세 번째 이유는 '고객은 왕이다.'라는 생각을 하기 때문이다. 고객을 왕이라고 생각하면 심리적으로 압박감과 거부감이 생겨 오히려 친절을 베풀 수 없게 된다. 고객은 왕이 아니라 나와 서로 윈윈win-win하는 파트너다. 내가 고객에게 잘하면 고객은 나에게 이익을 가져다준다.

　필자는 기업체나 기관에서 강의를 하면 강의 시간이 길든 짧든 주어진 시간 동안 최선을 다한다. 내가 최선을 다해서 나의 고객인 교육생을 만족시켜야만 진정한 고객만족이 되기 때문이다. 교육생이 내 강의에 만족하면 강의가 끝나고 나서 교육담당자에게 강사에 대해 만족스럽다는 평가를 할 것이고, 그러면 교육담당자는 다음에 다른 교육이 있을 때 나를 다시 불러준다. 기업이 끊임없이 직원들에게 고객만족 교육을 시키는 이유도 고객이 상품이나 서비스에 만족하면 그 고객은 다음에 다시 구매할 것이고, 그러면 기업의 매출과 수익도 자연스럽게 향상되기 때문이다. 여기서 고객은 기업에 직·간접적으로 영향을 주는 사람들이다. 개인적으로 보면 나를 제외한 상대방 모두가 내 고객이다. 즉, 고객중심은 상대 입장에서 생각하는 것이고, 이것이 바로 역지사지 마인드다. 특별히 자원이 부족한 중소기업 경영자나 구성원 모두가 역지사지하면 금방 입소문이 나고 강한 경쟁력을 갖는 중소기업으로 거듭나게 된다.

5

경쟁우위를 가져다주는 차별화

5

경쟁우위를 가져다주는 차별화

새로움에 대한 호기심을 자극하라

삼성경제연구소에서 발표한 2009년부터 2012년까지 4개년 10대 히트상품을 분석해보면 저마다 차별성을 가지고 있음을 알 수 있다.

2012년 히트상품으로 LTE 서비스가 선정되었는데, 여기에 주도적인 역할을 한 기업은 LG유플러스이다. 우리나라의 통신업계는 SK텔레콤, KT, LG유플러스가 삼분하고 있는데 이 중 LG유플러스는 3위를 차지하지만 LTE 서비스에 집중하면서 소비자로 하여금 LTE 하면 LG유플러스를 연상하게 만들었다. 언제 어디서나 쉽게 영상을 감상하고, 하나의 통신망을 통해서 여러 대의 기기를 한 번에 사용할 수 있게 하는 활동이 바로 LTE인데, LTE라는 새로운 카테고리에서 LG유플러스를 강하게 연상시킴으로써 다른 통신사와 차별화를 가져온 것이다.

	2012년	2012년	2012년	2012년
1	강남스타일(싸이)	꼬꼬면	스마트폰	막걸리
2	애니팡	스티브 잡스	슈퍼스타K2	신종플루 대응상품
3	갤럭시 2012 시리즈	카카오톡	여자국가대표 축구팀	김연아
4	차량용 블랙박스	나는 가수다	소셜 미디어	LED TV
5	런던 올림픽 스타	갤럭시 S2	태블릿 PC	스마트폰
6	에너지 음료	K-POP	기아자동차 K시리즈	선덕여왕
7	LTE 서비스	연금복권	아바타	Girl 그룹
8	고급형 인스턴트 커피	도가니	블루베리	도보 체험 관광
9	관객 1억 한국영화	평창동계올림픽 유치	발열의류	보금자리 주택
10	캠핑 상품	통큰, 반값, PB 상품	제빵왕 김탁구	KT 쿡(COOK)

삼성경제연구소

그리고 2012년 히트상품으로 선정된 고급형 인스턴트커피의 대표주자로 남양유업의 프렌치카페 커피믹스를 들 수 있는데, 프렌치카페는 카제인나트륨 대신 소비자들이 중시하는 건강 개념의 무지방우유를 첨가한 커피믹스로, 기존의 커피믹스와 차별화된 점을 제시한 게 성공요인이라 볼 수 있다.

이러한 히트상품에서만 차별화 전략을 찾아볼 수 있는 건 아니다. 고객들에게 좋은 반응을 얻고 있는 대부분의 제품은 저마다 다양한 차별화 전략을 펼친다.

저가항공으로 유명한 제주항공은 대한항공과 아시아나항공

으로 양분된 우리나라 항공업계에 저렴한 가격을 경쟁력으로 내세우며 시장에 진입했으며, 차별화된 마케팅을 이용해 상당한 성장세를 보이고 있다. 제주항공이 이용한 방법은 숫자 마케팅이다.

50만 번째 탑승객에게 항공권 50장을 주는 등 숫자마케팅을 전개하고 이를 적극적으로 홍보했다. 탑승객 100만 명, 500만 명, 1,000만 명 등 다양한 누적탑승객 이벤트를 전개하고 있는데, 이는 '저가항공을 타기가 불안하다.'는 고객의 편견을 잠재우기 위해 '저가항공은 안전하다.'고 알리는 게 아니라 이렇게 많은 사람들이 이용하고 있으니 걱정할 필요가 없다는 인식을 소비자에게 심어주기 위함이다.

2013년 삼성전자는 기존 양문형 냉장고 안에 김치냉장고를 탑재한 '김치플러스'라는 제품으로 차별화를 시도했다. 이는 혼수가전을 장만하는 고객을 타깃으로 삼은 것이다. 신혼부부의 경우 소형 평수 집에 거주하는 경우가 많다 보니 공간제약으로 김치냉장고 구매를 망설이는 점에 착안해서 양문형 냉장고에 김치냉장고 기능을 추가한 것이다.

차별화 정책은 중소기업에 더 유용하다. 최근 미앤미케익이라는 프랜차이즈 제과점이 대기업 프랜차이즈 제과점에 맞선 차별화 전략으로 인기를 끌고 있다. 미앤미케익은 수제 케이크 전문점으로, 독창적인 디자인과 다양한 모양의 케이크를 만들어 고객의 시선을 사로잡을 뿐만 아니라 재료에서도 일반적인 케이크와 차별화를 시도했다. 흔히 사용하는 밀가루가 아닌 식이섬유가 45퍼센트 첨가된 밀가루를 사용하고 있으며 설탕 대신 천연과일에서 포도당을 뺀 순수 100퍼센트 과당으로 만들어진 결정과당을 사용한다.

전통적으로 화장품 시장에서 크게 히트한 상품들 역시 그 바탕에는 차별화 전략이 있다.

1991~1993년 코리아나는 머드팩을 출시해 화장품 업계에 돌풍을 일으켰다. 그동안 우리나라에서는 머드^{진흙}가 화장품 재료로 사용된 적이 없었는데, "진흙이 미인을 만든다"는 카피를 내세우며 여성들에게 엄청난 반항을 불러일으켰다. 이는 제품의 성분에서 차별화를 가져온 사례다. 그리고 1997년에는 소망화장품이 '꽃을 든 남자'라는 브랜드를 런칭하면서 스킨샤워 제품을 출시해 큰 인기를 끌었는데, 남자 모델을 이용해 남성용 화장품 브랜드라는 이미지를 차별화한 전략이 주효했다. 2006년에는 동안과 생얼을 만들어주는 비비크림이 출시되어 히트상품으로 등극했다.

2007년도에는 토니모리가 토마토 모양을 본떠 디자인한 '토마툭스 브라이트닝 마스크팩'을 출시해 전국적인 히트를 쳤다. 재미^{fun}를 강조한 색다른 용기를 이용해 차별화에 성공한 것이다. 그리고 2011년에는 달팽이크림이나 뱀독크림처럼 재료의 자극적인 속성을 강조한 제품이 성공을 거두었다. 2012년에는 한경희생활과학과 엔프라니가 기기기술을 결합한 진동파운데이션 제품을 출시해 홈쇼핑에서 크게 히트시켰다. 그리고 2013년과 2014년에도 지워지지 않는 립스틱, 에어쿠션, 코팩 등과 같은 차별화된 콘셉트 제품들이 크게 성공했다.

신발에서도 차별화로 성공한 예가 있다. 일반적으로 나이키나 아디다스 같은 신발은 런닝운동화로 소비자 머릿속에 강한 이미지를 심어서 크게 성공할 수 있었다. 하지만 프로스펙스는 요즘 사람들이 건강을 중시해 걷기운동이 인기를 끌고 있다는 점에 착안해서 기존의 신발업체와 다르게 런닝운동화가 아닌 워킹운동화로 차별화해 성공을 거두었다.

한편 차별화 전략으로 선발 브랜드가 시장에서 성공을 거두면 뒤이어 다양한 후발 브랜드가 출시되지만, 별다른 차별화 없이 모방만 할 경우 그다지 좋은 성과를 거두지 못하고 선발 브랜드를 더욱 견고하게 해주는 역할에 그치는 경우가 많다.

광동제약에서 비타500이 출시되어 크게 성공하자 그 뒤에 비타파워, 비타포유 등 비타라는 단어를 포함한 다양한 모방제품들이 나왔지만 이런 모방제품들은 선발제품인 비타500과 차별화가 되지 않았기 때문에 결국 비타500을 도와주는 결과만을 가져왔다. CJ제일제당에서 햇반이 나와 크게 성공을 거두자 이후 햇반을 모방한 다양한 밥 제품들이 출시되었지만 그러한 제품들도 선발 브랜드인 햇반과 차별화가 되지 않았기 때문에 결국 햇반의 매출액을 올려주는 결과만을 가져왔다.

이런 사례에서 보듯이 후발 브랜드가 잘나가는 선발 브랜드를 차별화 없이 모방만 했을 때는 선발 브랜드를 도와주는 역할에 그친다. 따라서 후발 브랜드는 항상 선발 브랜드와는 콘셉트이든 제품 속성이든 뭔가 차별화된 요소를 가지고 있어야 선발과 경쟁에서 승리할 수 있다.

원가 경쟁력으로 차별화

스파SPA 브랜드

몇 년 전부터 유니클로, 자라, H&M 같은 글로벌 스파SPA 브랜드들이 국내 의류시장에 진출해 빠른 성장세를 보이고 있다. 스파 브랜드는 'Specialty store retailer Private label Apparel brand'의 약자로 제품의 기획에서부터 생산, 유통, 물류에 이르기까지의 과정을 직접 관리하는 브랜드를 말한다. 최신 트렌드를 즉각 반영하여 빠르게 제작하고 빠르게 유통시킨다고 해서 '패스트fast 패션'이라고도 한다.

스파 브랜드는 생산주기와 재고량을 최소화시키고, 글로벌 시장에 수많은 점포를 두고 규모의 경제로 원가를 낮춰 저렴한 가격에 제품을 공급해 대중들의 인기를 끌고 있다.

유니클로는 티셔츠나 니트, 청바지 등을 소품목 대량생산해 저가에 판매한다. 대신 소재와 기능성을 강조한다. 또한 매장 내에서 권유 판매를 별도로 하지 않으면서도 10대부터 60대까지 다양한 구매층을 확보하고 있다. 자라는 기존 유명 디자이너 브랜드에 최신 트렌드와 고객 니즈를 반영해 자라 돌풍을 일으키며 스파 브랜드를 선두에서 이끌고 있다. H&M은 유명 디자이너와의 협업을 통해 세계 톱 디자이너가 디자인한 옷을 저렴한 가격에 한정판으로 내놓는 것이 특징이다. 또한 온라인 사이트에서 고객의 피부색깔, 키, 몸의 라인이나 옷, 헤어스타일 등이 비슷한 가상의 모델에게 옷을 입혀보면서 쇼핑할 수 있는 가상 체험 공간을 제공한다.

국내 스파브랜드로는 에잇세컨즈, 스파오, 탑텐, 미쏘 등이 있지만, 매장이 주로 국내에 국한되고 있고 해외 시장에 많이 진출하지 못한 상태이다 보니 규모의 경제 효과를 보지 못해 글로벌 스파 브랜드에 비해 아직은 판매나 수익이 저조한 편이다.

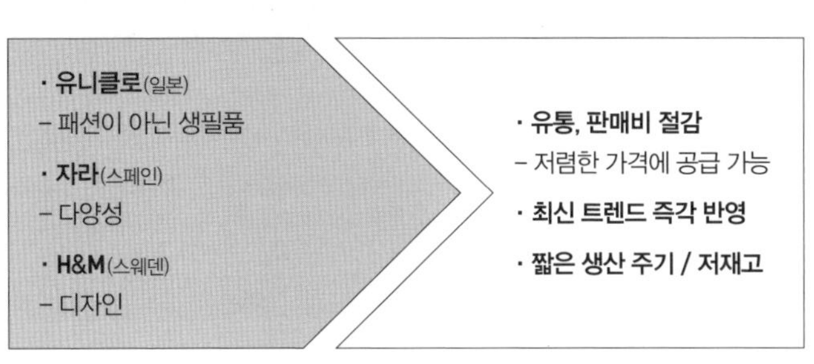

스파 브랜드의 원가 혁신은 마케팅 측면에서 보면 차별화를 시도한 좋은 사례라고 할 수 있다. 특히 2000년대 이후 연평균 15%의 성장을 보이고 있고, 영업이익률도 10% 이상이다.

그리고 스파 브랜드가 패션 트렌드에 신속하게 반응해 신제품을 수시로 출시하는 것도 차별화된 마케팅 방식이다. 보통 의류업체는 1년에 두 번 정도 패션쇼를 열고 그곳에서 선보인 히트상품을 기획 생산해 시즌 전에 준비하는 게 일반적인 데 반해, 스파 브랜드는 시즌 중에도 패션 트렌드에 변화를 반영한 제품들을 수시로 출시한다. 특히 자라는 기획에서 디자인, 생산, 배송까지 2주 만에 완료하는 시스템을 구축하고 있고, 15%만 사전 생산하고, 85%는 고객의 반응에 따라 생산하는 '반응생산체계'를 구축해 재고율을 20% 미만으로 잡는다.

새로운 카테고리^{New Category} 시장을 만들어라

중소기업은 인적, 물적 자원 등 여러 가지 면에서 열악하므로 중소기업이 경쟁력을 갖기 위해서는 무엇보다 제품을 차별화하는 데 역량을 쏟아야 한다.

제품을 차별화하는 데에는 다음 세 가지 방법이 있다.

도표 8

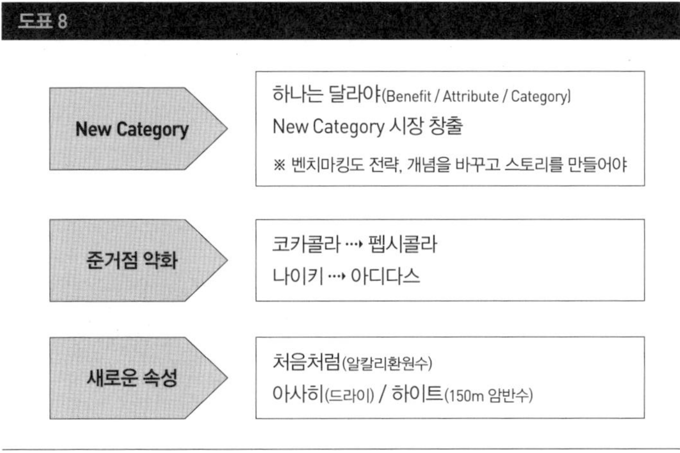

첫 번째 방법은 기존 카테고리 시장에서 탈피하여 새로운 카테고리를 만들어내는 것이다.

베네핏Benefit, 특성, 카테고리 등과 같은 것들이 기존의 상품과 하나라도 달라야 성공 가능성이 높아진다. 특히 기존에 없는 새로운 카테고리 시장을 창출해야 높은 성과를 낼 수 있다. 벤치마킹도 중요한 전략 중 하나지만, 벤치마킹을 하더라도 뭔가 콘셉트를 바꾸고 혁신적인 방법을 이용해서 소비자의 구매를 유도하는 전략이 필요하다. 예를 들어서 숙취해소음료 '컨디션', 검색 '네이버', 섬유탈취 '페브리즈'등과 같은 상품이 최초의 뉴카테고리 시장을 창출한 새로운 개념의 상품이다. 이러한 상품들이 시장에서도 롱런하는 경우가 많다.

두 번째 방법은 준거점을 약화시키는 것이다.

기존 선발 제품이 가지고 있는 준거점을 약화시키는 전략이다. 미국에서 오랜 역사, 즉 전통이라는 좋은 이미지를 갖고 있는 코카콜라의 경쟁 업체인 펩시콜라가 이런 전략으로 성공을 거둔 바 있다. 후발 업체로 진출한 펩시콜라는 코카콜라가 가지고 있는 전통의 이미지를 흉내 내면 결국 코카콜라를 도와주는 것이라 판단해 코카콜라의 강점을 약화시키는 전략을 세웠다. 광고를 할 때에도 젊은이들이 즐겁게 춤추는 장면을 보여줌으로써 코카콜라는 올드한 콜라이고, 펩시콜라는 젊은 콜라라는 이미지를 강조했다.

나이키와 아디다스의 경쟁도 이와 비슷하다. 나이키는 항상 세계 최고의 선수를 등장시킨다. 타이거 우즈나 마이클 조던 같은 세계적인 선수를 모델로 내세워 세계에서 가장 빠른 선수가 신는 신발이라는 이미지를 심었다. 하지만 후발 업체인 아디다스는 나이키와 동일한 전략을 취하면 나이키를 도와주는 역할밖에 할 수 없을 것이다. 그래서 아디다스는 80이 넘은 최고령자를 모델로 삼았다. 그리고 텔레비전에 "마라톤은 타인과의 싸움이 아니라 자신과의 싸움이다."라는 메시지를 내보냄으로써 시청자들한테 많은 공감대를 형성하며 관심을 집중했다. 당시 나이키는 광고에 엄청난 돈을 쏟아부었지만 아디다스는 광고 콘셉트를 승리자가 아닌 스포츠 정신에 둠으로써 성공을 거둘 수 있었다.

세 번째는 새로운 속성을 제시하는 것이다.

후발 업체는 항상 선발 업체와는 다른 새로운 속성을 제시해야만 소비자들에게 호감을 줘 성공 가능성이 높아진다. 진로는 우리나라 소주시장에서 절대적인 강자이다. 하지만 두산이 '처음처럼'이라는 새로운 소주를 출시하면서 '알칼리 환원수'라는 새로운 메시지를 전달했다. 알칼리 환원수라는 메시지는 선발 업체인 진로가 그동안 한 번도 언급하지 않았던 속성이었다. 그리고 과거에 맥주 하면 OB맥주였다. 강력한 OB맥주가 버티고 있는 시장에 하이트가 후발로 들어가면서 '150m 암반수'라는 새로운 메시지를 전달했다. 소비자는 이 메시지에서 호감을 갖게 되었고, 그 결과 하이트가 한때 OB맥주를 꺾고 1등을 차지하기도 했다.

일본 기린맥주 사례도 이와 비슷하다. 기린맥주는 과거 우리나라의 OB맥주처럼 대표적인 강자였다. 이 시장에 작은 중소업체인 아사히맥주가 뛰어들면서 '드라이 맥주'라는 새로운 메시지를 언급했다. 그 결과 아사히맥주는 소비자들의 호감을 얻게 되었고 기린맥주를 역전하는 놀라운 성과를 보여줬다. 물론 지금은 다시 역전이 돼서 기린맥주가 선발을 유지하고 있지만, 작은 중소업체에 불과했던 아사히맥주가 기린맥주를 누를 수 있었던 것은 차별화된 새로운 속성을 잘 제시했기 때문이다.

기기 결합 화장품으로 새로운 시장 개척

진동파운데이션

필자는 스팀다리미로 유명한 한경희생활과학이라는 중소기업에서 3년간 부사장으로 근무한 적이 있다. 당시 이 회사는 음식물처리기 시장에 새롭게 뛰어든 상태였다. 하지만 생각보다 반응이 좋지 않았고, 판매도 부진한 상황이었다. 웅진코웨이나 린나이 같은 큰 회사들이 더 좋은 기능과 더 나은 디자인을 지닌 음식물처리기를 이미 출시한 뒤였기 때문이다.

후발 업체가 기존 시장에 뛰어들려면 선발 업체 제품에서는 찾아볼 수 없는 차별된 특징이 있어야 하는데, 새롭게 출시한 제품이 그렇지 못하다 보니 결과가 안 좋을 수밖에 없었다.

그리고 당시 한경희생활과학은 화장품 업체 경력사원을 채용해 화장품 개발과 마케팅을 하고 있었다. 캐나다산 유기농 원료를 이용한 유기농 화장품을 '오앤'이라는 브랜드로 출시한 상태였다. 하지만 화장품 역시 판매가 부진해서 재고가 많이 쌓여 있었다.

필자가 아모레퍼시픽에서 8년간 근무한 경험이 있었기 때문에 화장품 경력 직원들은 필자를 무척 반겼다. 그런데 그들의 기대와 달리 필자는 신제품 기획안에 대한 결재 서류를 반려하거나 보류했다. 그들이 준비한 신제품은 잔주름 예방, 미백, 자외선 차단 제품 등 기존 화장품 회사에서 흔히 취급하는 제품들이었기 때문이다. 중소기업이 게다가 처음 화장품 시장에 진입하는 회사가 이미 선발 업체들이 튼튼하게 다져놓은 시장에 똑같은 제품을 가지고 들어갔을 경우 승산이 없다고 판단했다.

그래서 직원들에게 우리는 한경희생활과학다운 그런 화장품 사업을 하자고 제안했다. 한경희생활과학은 스팀청소기나 스팀다리미 같은 제품을 주로 만드는 회사이니 우리가 보유한 가전, 기기 제조 기술을 결합한 화장품으로 차별화를 하겠다는 판단이었다. 그러면 기기를 결합한 화장품이라는 새로운 카테고리 시장을 국내에서 처음으로 만들게 되는 것이고, 한경희생활과학이 그 시장을 여는 선구자가 될 수 있다는 얘기를 하며, 지금부터 기기 결합 화장품을 만드는 데 최선을 다하자고 했다. 하지만 한 달이 가고, 두 달이 가도 별 진전이 없었다. 나중에 알고보니 화장품 담당 경력직원들은 대부분 화학이나 생물학 전공자들로서 기기에 대해서는 잘 모른다는데 문제의 원인이 있었다. 그래서 이때부터 화장품 경력사원을 기존의 스팀청소기나 스팀다리미를 만들던 기계공학, 전기공학을 전공한 연구원들과 함께 T/F팀을 구성해서 매일같이 아이데이션을 했다.

T/F팀이 연구를 거듭한 결과 드디어 기기 결합 화장품이 탄생했다. '아이갤러리'라고 메이크업 세트인데 그 가운데 '히팅뷰러 마스카라'는 정말 혁신적인 제품이었다. 뷰러의 온도를 40도까지 올려 쳐져 있는 속눈썹을 바짝 올려주어 소비자들로부터 폭발적인 반응을 얻었다. 이 제품을 GS홈쇼핑에 런칭한 결과 8회 연속 매진을 기록하는 성과를 낸 것이다.

이 제품이 성공적으로 런칭되자 직원들의 사기가 올라갔고, 계속해서 기기기술 결합 화장품을 개발하는 데 매진했다. 물론 중간에 실패한 제품도 있지만 실패 속에서 또다시 크게 성공한 제품이 나왔다. 다름 아닌 진동파운데이션 제품이었다. 진동파운데이션은 진동 퍼프가 수타 방식으로 파운데이션을 고르게 바를 수 있도록 도와주는 신개념 상품으로, 런칭하자마자 히트 상품으로 자리매김했다.

한경희생활과학처럼 작은 중소기업이 아모레나 LG생활과학 같은 대기업과 동일한 제품을 출시했다면 결코 이런 성과를 달성할 수 없었을 것이다. 선발 업체들과는 차별화된 콘셉트로 진입했기 때문에 높은 성과를 낼 수 있었다. 이처럼 중소기업은 적은 자원으로 선택과 집중을 하되 선발 업체와는 차별화된 콘셉트로 새로운 카테고리 시장을 만들어야 한다.

제품 콘셉트와 품질의 일관성을 유지하라

차별화는 대개 다음 네 가지 과정을 통해 이루어진다.

도표 9

소비자 미충족 니즈Needs 발견

미충족 니즈 부응 차별적 컨셉Concept 개발

차별적 컨셉 부응 제품 퍼포먼스Performance 개발

컨셉의 일관성 있는 커뮤니케이션Communication

첫 번째 과정은 소비자의 미충족 니즈를 발견하는 것이다.

두 번째 과정은 미충족 니즈에 부응하는 차별적인 콘셉트를

개발하는 것이다. 여기서 콘셉트는 고객에게 어떤 베네핏을 주는 것으로, 한마디로 그 상품을 사야 되는 이유를 제시하는 것이다. 다시 말해 콘셉트는 고객의 마음을 얻기 위한 차별화된 베네핏이 필요한데, 그 베네핏은 뭔가 독특함이 있어야 하고, 고객이 아주 중요시 하는 것이야 하며, 어떠한 카테고리의 제품인지가 명확하게 설명될 수 있는 제품이어야만 성공 가능성이 높다.

세 번째 과정은 이러한 콘셉트 개발에 부응해서 제품의 퍼포먼스, 즉 제품의 품질을 완성하는 것이다. 대개 중소기업들은 우수한 품질의 제품을 가지고 있으면서도 콘셉트를 별로 중요하게 생각하지 않고, 임팩트가 없게 만들거나 너무 좋은 점만을 나열식으로 전달해서 신뢰감을 주지 못해 실패하는 경우가 많다. 소비자는 처음 신제품이 나오면 써보지 않은 상태에서 제품의 콘셉트만 보고서 구매 시도를 한다. 따라서 콘셉트만 보고서도 사고 싶은 마음이 들게 만들어야만 초기 구매가 이루어진다. 초기 구매 후 품질에 대한 만족도가 높으면 그다음부터는 반복 구매를 하게 되어 궁극적으로 롱런하는 제품이 될 수 있다.

네 번째는 콘셉트에 부합하는 커뮤니케이션이 일관성 있게 이루어지는 과정이다. 시장분석을 통해서 고객의 욕구를 잘 분석한 다음에 그 욕구에 맞는 콘셉트가 개발됐다면 콘셉트와 커뮤니케이션은 항상 일관성이 있어야 한다. 다시 말해 TV, 신문, 라디오, 인쇄물, 소셜미디어를 활용할 때, 또는 매장에서 판촉 활동이나 인적 판매를 할 때 일관성 있게 전달되어야 한다. 똑같은 메시지를 반복적으로 전달해야 소비자 머릿속에 강한 이미지를 심을 수 있기 때문이다. 만일 TV에서 하는 얘기와 인쇄물에서 하는 얘기, 매장 직원이 고객을 상대로 하는 얘기가 서로가 다르면, 소비자의 머릿속에는 아무 것도 담길 수가 없게 되고 그 상품은 결국 실패한다.

일반적으로 콘셉트는 마케팅 부서에서 개발하고, 품질은 R&D부서에서 완성하는 경우가 많다. 따라서 마케팅 부서의 인력과 R&D부서의 인력이 서로가 손발이 맞지 않으면 히트상품을 만들어내기가 어렵다. 그러므로 신상품을 개발할 때는 고객의 욕구를 잘 탐색해서 콘셉트 개발로 이어지게 만드는 마케팅 인력과 콘셉트에 따라 일관성 있는 품질을 완성하는 연구소의 인력들이 서로 호흡을 맞춰서 한마음으로 진행해야만 히트상품이 될 가능성이 높아진다.

각각의 장점을 유지하면서도 일관성 유지

디즈니

오늘날 디즈니는 만화 및 영화 제작은 물론이고 영화 배급, 테마파크, 크루즈, TV 채널에 이르기까지 다양한 매체산업을 이끌고 있는 거대한 제국이다. 디즈니는 1923년 10월 16일 디즈니 브라더스 카툰 스튜디오로 출발해 1928년 〈증기선 윌리〉라는 만화의 캐릭터인 '미키 마우스'가 인기를 모으면서 성공가도를 달리기 시작했다. 이후 〈백설공주〉, 〈피노키오〉, 〈피터팬〉 등을 만들어 연이어 성공을 거두었다. 그리고 애니매이션뿐만 아니라 〈프리티 우먼〉, 〈죽은 시인의 사회〉, 〈나니아 연대기〉, 〈캐리비언의 해적〉 등의 영화를 만들어 히트작들을 쏟아냈다. 2013년에는 전 세계인을 사로잡은 〈겨울왕국〉을 만들어 디즈니의 명성을 다시 한 번 입증했다.

그러나 이런 디즈니에도 위기가 있었다. 1994년 〈라이온킹〉으로 정점을 찍은 이후 1995년 〈포카혼타스〉부터 하향 곡선을 그렸다. 하지만 2006년 픽사, 2009년 마블 엔터테인먼트, 2012년 루카스 필름을 차례로 인수하며 폭을 넓혀나갔다. 특히 디즈니는 고유의 가치관은 유지하되, 각 스튜디오가 가진 정체성은 그대로 살릴 수 있는 정책을 사용해 전문성을 확보했다.

90년이 넘는 세월 동안 사람들의 사랑을 받아온 디즈니의 최강점은 일관성에 있다고 볼 수 있다. 현재 디즈니, 픽사, 마블, 루카스 필름 등 4개의 브랜드를 가지고 있는데, 4개의 브랜드 모두 최상의 작품을 만들어내기 위해 노력하고 있다. 각 브랜드가 장르와 성격을 달리해도 각각의 장점을 유지하면서 가족영화를 겨냥하는 일관성 있는 브랜드 이미지를 갖고 있는 작품을 만들고자 한다.

디즈니 스튜디오는 애니메이션 공정을 철저히 분담했다. 일관성을 유지하기 위해 조직을 세분화한 것이다. 그림을 그리는 비중에 따라 각각의 애니메이터들은 키key 애니메이터, 인 비트위너in-betweener, 어시스턴트assistant로 구분되었다. 또 배경 위에 캐릭터 자리를 지정하고 애니메이션 전체를 구획하는 레이아웃 아티스트와 조명, 필터작업, 특수효과, 대사와 음악 이외의 음향을 책임지는 이펙트 애니메이터도 따로 두었다. 그 결과 각 부분이 유기적으로 연결돼 디즈니 작품은 일관성을 유지할 수 있었다.

특정 틈새영역에서 챔피언이 되어라

일본의 경영 컨설턴트 간다 마사노리神田昌典는 "성공할 수 있는 노하우가 있어도 실제 행동으로 옮기는 사람은 1%밖에 안 된다. 따라서 성공하는 것은 간단하다."라고 말했다. 1%의 차이는 사소해 보이지만 비즈니스나 인간관계에서 1%의 차이가 승패를 결정짓는 경우는 상당히 많다. 기업 간의 경쟁이나 제품 차별화에서도 중요한 것은 1%의 차이를 어떻게 만들어내느냐 하는 점이다.

모든 시장에서 1등을 목표로 하는 것은 멋진 일이긴 하지만 바람직하지는 않다. 세상에는 남들이 노리지 않는 시장, 즉 틈새시장이 존재하게 마련이다. 특정 영역에서 챔피언이 되는 일은 전 세계 챔피언이 되는 것보다 쉽고 현실적인 목표이며, 이는 상대적으로 조직 역량이 약한 중소기업이 열세를 극복할 수 있는 좋은 전략이기도 하다.

틈새 전략을 실행하려면 기업의 차별적 전문화가 필수적이다. 수요, 지역, 제품라인, 기능적 특성, 생산 방식 등의 영역에서 차별적인 전문성을 확보해야 한다는 말이다. 중소기업이 틈새시장에서 성공하기 위해서는 차별화를 꾀하고 그 차별성을 계속 확대해나가야 한다. 비록 한정된 시장일지라도 그 속에서 강력한 수요를 확보하면 차별적 전문성은 큰 성과를 내게 된다.

마케팅의 구루라 불리는 필립 코틀러는 틈새 전략의 기본은 '전문화'라고 지적했다. 그는 틈새 전략을 실행하는 기업의 특성을 다음 다섯 가지로 들었다.

- 이익이 창출될 만큼의 규모와 구매력 있는 틈새시장 확보
- 성장 잠재력이 높은 틈새시장 확보
- 대기업이 무관심한 분야 선택
- 틈새시장에 효과적으로 대응할 수 있는 기술 및 경영자원 확보
- 대기업의 진입을 방지할 차별적 요소 확보

중소기업이 틈새 전략을 실행하려면 진입할 시장의 규모가 채산성이 확보될 만큼은 되어야 한다. 그 규모가 너무 클 경우 언제든 대기업이나 다른 기업이 진입할 수 있기 때문에 틈새시장으로는 적합하지 않다. 만약 적절한 규모의 틈새시장을 확보한다면 이는 중소기업이 틈새 전략을 실행할 토대를 마련한 셈

이다.

그 틈새시장에서 수익성을 내려면 시장의 다양한 수요를 충족시킬 차별적인 제품과 서비스를 구비해야 한다. 가령 몇 가지 기술을 특화하거나 대기업이 실행하기 힘든 고객 일대일 서비스 등의 차별화된 가치를 만드는 것이 좋다.

중소기업이 틈새시장에서 만들어낸 차별적 우위는 다른 기업이 그 시장으로 진입하는 것을 막는 장벽 역할을 한다. 중소기업은 대개 특허권 등을 통한 기술로 다른 기업의 진입을 막고자 하지만 기술만으로는 완벽한 장벽을 만들 수 없다. 최고의 진입장벽은 다른 기업보다 소비자 가치를 많이 창출해내는 역량이다.

일단 틈새시장에서 경쟁우위를 만드는 데 성공했다면 다음 단계로 나아가야 한다. 틈새시장이라는 '규모의 한계'를 뛰어넘기 위해 시장 확대를 시도해야 하는 것이다. 이것은 곧 글로벌 시장으로의 확대다.

틈새시장에서의 성공적 차별화

코메론

세계적인 줄자 생산기업, 코메론은 줄자를 생산한 지 30년 만에 미국의 스탠리와 루프킨에 이어 세계 3대 줄자 브랜드로 성장했다. 코메론은 현재 세계 80여 개 나라에 제품을 공급하고 있으며 수출 비중은 약 63%로 국내에서는 경쟁상대가 없는 틈새시장을 확실하게 선도하고 있다.

1963년, 코메론은 절연테이프 생산업체 '한국엠파이어공업사'로 시작했다. 이들이 고온에도 늘어나지 않는 유리섬유 절연테이프 소재를 줄자에 적용해보자는 아이디어를 살리게 된 이유는 비싼 인건비 등의 이유로 선진국에서 DIY^{Do It Yourself} 문화가 급격하게 발달하고 있었기 때문이다. 기존의 문화 수용 과정을 고려해 볼 때 국내의 줄자 시장 가능성은 풍부해 보였으므로 이들은 줄자를 주력상품으로 삼아 줄자 전문기업으로 탈바꿈했다.

하지만 당시에는 국내에 줄자 제조기술이나 설비가 없었기 때문에 1년여 동안 줄자 테이프 가공기술부터 연구를 거듭했다. 1974년, 마침내 섬유제纖維製 줄자 개발에 성공했고 호주로 첫 수출을 했다. 무엇보다 현명했던 판단은 브랜드화 작업을 서둘렀다는 점이다. 그때까지만 해도 중소기업은 대부분 OEM 방식을 채택했지만 이들은 초기 비용이 들더라도 자기 브랜드가 있어야 장기적으로 이롭다는 판단 아래 1978년부터 코메론 브랜드로 신제품을 출시했다. 이어 1990년에는 사명을 코메론으로 바꾸었다.

코메론은 줄자 시장에 역량을 집중해 디자인 기능, 기획 기능 등 R&D 역량에서 강점을 가질 수 있었다. 그러한 핵심역량을 통해 획득한 국내외 줄자 관련 특허와 실용신안권이 200여

건에 달한다. 특히 이들은 호크에 자석이 부착된 자석 줄자, 바닥에 대고 밀면 롤러가 돌면서 길이를 재는 롤러 줄자 등 '줄자는 차별화하기 어렵다.'는 고정관념을 깨고 차별적인 제품으로 줄자 시장을 주름잡고 있다.

창조는 선택이 아니라 상식을 깨는 혁신이다

21세기는 초경쟁Hyper Competition시대다. 초경쟁시대에는 위기와 기회가 공존한다. 초경쟁시대가 된 요인은 세계화, 기술혁신, 디지털 지식이다. 이러한 요인에 의해서 초경쟁시장은 무경계성, 급변성, 불확실성이라는 세가지 특징을 갖고 있다.

첫 번째 특징은 무경계성이다.

초경쟁시장에는 국가 간, 산업 간에 경계의 영역이 없다. 예를 들어 세계적으로 인터넷 비즈니스 모델 중에서 지금까지도 아주 우수한 비즈니스 모델로 손꼽히는 것 중의 하나가 SK의 싸이월드다. 미국판 싸이월드인 마이스페이스닷컴은 싸이월드를 벤치마킹해 새로운 닷컴 스타로 떠올랐지만 그 뒤에 페이스북이나 트위터 등이 나오면서 서서히 하락세에 접어들었다. MP3시장에서도 아이리버 브랜드가 우리나라 시장에서 크게 성공했으나 애플의 아이팟은 글로벌 시장에서 더 크게 성공했다.

이처럼 국가 간에 경계의 영역이 없는 것처럼 산업 간에도 경계의 영역이 없다. 예를 들어 롯데제과의 경쟁사가 과거에는 크라운제과나 해태제과였지만 지금은 삼성전자가 될 수도 있다. 아이들이 용돈이 생기면 단순히 과자만 사먹는 게 아니고 노트북도 사고 스마트폰도 사기 때문에 롯데제과의 경쟁사는 삼성전자가 될 수 있다는 얘기다. 또 다른 예로 주부가 자녀의 공부를 위해 학습지를 구독하고 건강을 위해 야쿠르트를 먹이는 경우, 생활형편이 어려워져 두 가지 가운데 하나를 끊어야 되는 상황이 생기면 학습지를 만드는 회사와 야쿠르트를 만드는 회사는 서로 경쟁관계가 된다.

두 번째 특징은 급변성이다.

오늘날 시장 환경은 실시간으로 급격히 변한다. 이런 환경에 대응하기 위해서는 제때에 신속하게 의사결정을 해야 한다. 그래서 20세기에는 '신중하게 의사결정하라, 돌다리도 두드려 가라.'는 말들이 경영의 중요한 덕목이었지만 21세기에는 '신중하게 의사결정을 하면 신중하게 망할 수 있다.'는 얘기를 한다. 과거 IBM은 컴퓨터 회사였지만 지금은 단순히 컴퓨터 회사가 아니라 컨설팅 회사, 서비스 회사로 변신했다. 아마존 같은 회사도 매년 끊임없는 변화를 추구하고 있다.

세 번째 특징은 불확실성이다.

오늘날 우리는 한 치 앞을 내다보기 어려운 불확실성 시대에

살고 있다. 한국은행이나 삼성경제연구소, LG경제연구소 같은 민간연구소에서 발표하는 우리나라 경제성장률도 발표할 때마다 달라진다. 그만큼 미래를 예측하기가 어렵다는 얘기다. 일반 기업의 경우 매년 10~11월이면 다음 연도 경영계획을 수립한다. 이 경영계획을 그다음 해의 경영목표로 삼고 연말에 1년 동안의 경영계획을 평가해서 모든 직원들의 인사고과에 반영한다. 하지만 지금 같은 급변하는 시대에 전년도에 수립한 1월부터 12월까지의 경영계획을 가지고 1년 동안 실행하고 그 성과로 평가를 한다는 것은 문제가 있다. 매월은 아니더라도 최소한 분기별로 기업의 경영계획에도 변화를 줘야 한다. 환율, 금리 등의 소비자 지표가 수시로 바뀌는 상황에서 한꺼번에 수립한 연간 경영계획을 연말까지 아무런 수정 없이 그대로 가져가는 것은 분명히 문제가 있다.

이러한 초경쟁시대에는 창조적인 혁신 마인드와 실행으로 승부해야 한다. 또한 차별화를 위해서 모든 구성원이 창조 역량을 키워야하고, 워크 하드Work Hard가 아니라 워크 스마트Work Smart, 즉, 열심히 일하는 게 중요한 게 아니라 스마트하게 창조적으로 열심히 일하는 게 중요하다.

창조는 새로운 뭔가를 만들어내는 것인데, 이를 위해서는 서로 협력해서 조화롭게 창의적인 생각을 해야 한다. 일방적으로 자기의 생각을 상대방에게 강요하는 게 아니라 상대방 얘기도 잘 경청해서 서로가 조화롭게 너의 생각도 아니고 나의 생각도 아닌 제3의 생각을 만들었을 때 비로소 창조가 이루어진다.

또한 기존의 것을 고쳐서 새롭게 하는 혁신 마인드를 가지고 혁신을 속도감 있게 이루어야 한다. 다시 말해서 창조는 창의와 조화, 혁신과 속도로 이루어야 한다.

방충망과 관련된 한 농부 가족의 재미있는 이야기가 있다. 무더운 여름날 잠을 자다 아버지가 아들한테 "얘야 창문을 좀 열어라."라고 시키자 아들이 창문을 열었다. 그런데 잠시 뒤 어머니가 "얘야 모기 들어온다 창문 닫아라."라고 해서 아들은 다시 창문을 닫았다. 그러자 아버지가 "더운데 창문 열라니까." 하면서 큰소리를 쳤다. 아들은 어머니의 눈치를 보면서 창문을 다시 열었다. 이번에는 어머니가 우는 목소리로 "이놈의 자식은 아빠 말만 듣고 엄마 말은 안 들어."이러면서 "모기 들어오는데 왜 창문을 여는 거야."라고 야단을 쳤다.

아버지는 창문을 열어라 하고, 어머니는 창문을 닫으라고 한다. 둘 중 어느 하나를 선택하면 두 사람 중 한 사람을 서운하게 만든다. 그래서 아들은 부모에게 잠깐만 기다리라 하곤 밖에 나가서 한참을 있다 방충망을 만들어왔다. 방충망을 끼워놓으니 바람도 잘 들어오고 모기도 안 들어와 두 사람 모두를 만족시킬 수 있었다.

바로 이런 게 창조다. 창조는 선택이 아니다. '창조는 상식을 깨는 혁신이다.'라는 말이 있다. 기존에 있는 대로 하는 게 아니라 늘 의문을 가지고 현실을 깨는 그런 혁신 활동이 바로 창조다.

사양산업에서 역발상으로 급성장

타라그룹

타라그룹은 사양산업이라 불리는 인쇄업에서 눈부신 성공을 보여주었다. 개인용 컴퓨터의 보급이 늘어나고 집집마다 프린터를 사용하면서 인쇄 물량이 줄어들고 IMF 위기로 대형 출판사들이 도산하며, 스마트폰과 전자책이 생겨나면서 인쇄업은 자연스럽게 사양산업으로 인식되었다.

하지만 타라그룹의 전신인 바른 인쇄는 수요가 줄어들기는 하겠지만 인류가 존재하는 한 인쇄업이 영원히 사라지지 않을 것이라는 확신을 가졌다. 또한 경쟁자가 줄어들면 시장을 장악하기가 훨씬 수월할 것이라 판단하여 IMF를 제2의 창업기로 보았다. 이 회사는 철저하게 차별화에 초점을 맞췄다. 인쇄업은 제판, 인쇄, 제본, 후가공 이런 과정으로 이루어지는데 이것을 시스템화했다. 또 타라유통이라는 자회사를 설립해서 스피드 경쟁력을 높였다.

브랜드 명도 타라그룹이라 지었는데, 타라는 영화 〈바람과 함께 사라지다〉에 나오는 미국 남부의 농장 이름이기도 하다. 개척의 땅, 도전의 땅이라는 의미를 갖고 있다. 즉 IMF 위기 속에서 누구나 사양산업이라 생각하는 인쇄시장에서 도전과 개척을 이루려 했던 것이다.

이후 타라그래픽스와 타라POD 등 자회사를 설립했다. 타라그래픽스는 소량 인쇄 전문 매장으로 고객이 원하는 인쇄물을 편집디자인에서 인쇄, 제본까지 원스톱 서비스를 제공한다. 그리고 타라POD는 인터넷 주문으로 개인 고객의 취향에 맞는 청첩장이나 안내장 같은 인쇄물을 만들어준다. 이처럼 타라그룹은 BtoB기업 대 기업 간 거래에서 BtoC기업과 소비자 간 거래로 확장하면서 소비자들의 이미지와 인지도를 높이고, 가치를 제고시켜 빠른 시간에 급격하게 성장할 수 있었다.

창조를 쉽게 하는 특별한 방법을 적극 활용하라

창조를 이루는 특별한 방법에는 세 가지가 있다. 지식, 문제 해결, 환경변화다. 우선 특정 분야의 지식이 있어야 창조가 가능하다. 기존 상품이나 서비스의 문제점을 찾아 고객관점에서 보다 더 가치있게 해결하면 역시 창조가 된다. 그리고 기존 환경이나 제도에 변화를 주어 창조를 이루는 방법도 있다. 이 세 가지를 보다 자세히 살펴보면 다음과 같다.

도표 10

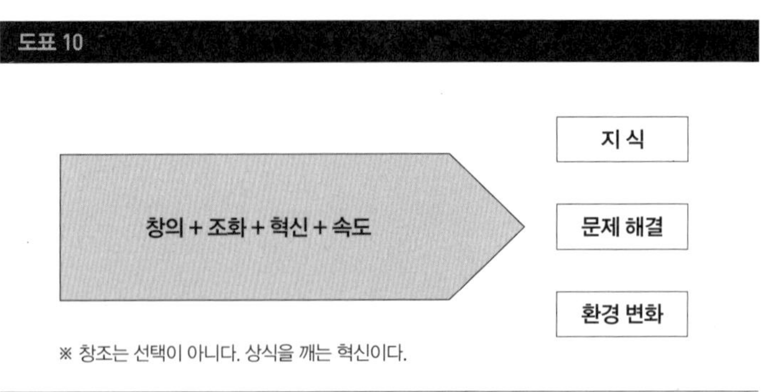

※ 창조는 선택이 아니다. 상식을 깨는 혁신이다.

첫째, 지식이 없는 사람은 창조를 할 수 없다. 오늘날 렌털 정수기의 대명사라 할 수 있는 웅진코웨이는 지식이 새로운 아이템을 창조해낸 좋은 사례다. 웅진코웨이는 우리나라 최초로 렌털 가전제품 사업을 시작한 회사다. 1997년 어느 날 웅진코웨이 윤석금 회장이 한 조찬 강의에 참석했는데, 일본에서는 가전제품을 렌털해준다는 강사의 얘기를 듣고서 무릎을 쳤다. 여기서 아이디어를 얻어 정수기 렌털이라는 새로운 사업을 시작해 윤석금 회장은 IMF로 인한 어려움을 극복하고 크게 성공할 수 있었다. 만일 그가 그 조찬 강의에서 새로운 지식을 얻지 못했다면 렌털 정수기라는 새로운 사업 아이템을 창조하지 못했을지도 모른다.

둘째, 기존 상품이나 서비스의 문제점을 해결하라.

"구슬이 서 말이라도 꿰어야 보배다."라는 말이 있는 것처럼 아무리 지식이 많아도 이를 잘 연결해 기존의 상품이나 서비스가 가지고 있는 문제점을 찾아서 이를 해결해야 지식이 빛을 발한다. 마케팅은 'Problem-Solving'이라는 말이 있다. 기존 상품이나 서비스가 가지고 있는 문제점을 해결하면 창조가 이루어진다.

무더운 여름날 에어컨을 시원하게 틀고 싶어도 전기료 걱정에 마음 놓고 틀기가 쉽지 않다. 이런 문제점을 해결한 것이 전기료 걱정 없는 초절전 에어컨이다. 언제 어디서든 뜨거운 물만 있으면 먹을 수 있는 컵라면은 봉지라면을 끓이는 번거로움을 해결함으로써 탄생한 것이다. 요즘 일상생활에서 없어서는 안 될 필수품으로 자리 잡은 스마트폰을 비롯해 전자기기들은 유해파가 문제다. 만일 유해파가 없는 전자기기가 나온다면 분명 각광받을 것이다. 이처럼 우리가 쓰는 상품이나 서비스에는 존재하는 불편한 요소들을 찾아서 해결하면 곧 창조가 되고 히트상품이 될 수 있다.

셋째, 창조를 하려면 기존 환경이나 시스템을 바꿔야 한다. 과거 맥도날드에서 임원들에게 등받이가 없는 의자를 사용하게 한 적이 있었다. 임원들에게 현장에 수시로 나가서 현장을 살펴보라는 얘기를 자주 했음에도 불구하고 임원들이 현장에 잘 안 나가자 사무실에 오래 못 있게 하려고 경영진이 아예 임원들의 의자를 바꿔버린 것이다. 등받이가 없는 의자에 오래 앉아 있으면 불편하고 허리도 아프다. 그러다 보니 임원들이 적극적으로 현장에 나가서 활동을 하게 되었다고 한다.

세균 박멸업체로 유명한 세스코는 직원들에게 제복을 입혀 분위기를 쇄신하고 고객의 반응을 좋게 만들었다. 해충을 처리하는 세균 박멸업체이다 보니 방문 서비스를 하는 직원들의 학력이 낮고 복장도 단정하지 못하고 말투나 행동도 거칠어 고객들의 항의가 많았다고 한다. 그래서 고민 끝에 경찰제복처럼 깔끔한 유니폼을 입혔더니 직원들의 태도가 전문가답게 바뀌어서 고객을 응대하는 태도가 개선되었고, 고객들의 반응도 좋아졌다고 한다.

6

돈 안들이고 성과 높이는 판매전략

6

돈 안들이고 성과 높이는 판매전략

제안영업으로 신규수요를 창출하라

일반적으로 신규 수요를 창출하기 위해서는 크게 네 가지 전략을 활용할 수 있다.

첫째는 기존 상품으로 기존 고객을 공략하는 방법이다. 둘째는 기존 상품으로 기존 고객이 아닌 새로운 신규 고객을 공략하여 신규 수요를 확대하는 방법이다. 셋째는 기존 상품으로는 한계가 있을 때, 예를 들어 더 좋은 기술이 개발되거나 성숙시장이 되어 판매가 정체되는 경우 기존 상품과 차별화된 신상품을 개발해서 기존 고객에게 추가 매출을 높이는 방법이다. 넷째는 신상품으로 신규 고객을 공략하는 방법이다. 사업 다각화가 여기에 해당한다.

이상의 네 가지 방법 중에서 산업재는 두 번째 방법인 기존 상품으로 신규 고객을 공략하여 신규 수요를 창출하는 전략을 펼쳐야 한다. 이를 위해 제안영업을 활성화해야 한다. 제안영업을 할 때는 비록 산업재일지라도 신규 수요를 발굴하기 위해서는 최종 소비자^{End User} 관점에서 접근할 필요가 있다.

철강회사의 경우 건설회사나 자동차회사, 선박회사에 철강 제품을 납품해서 주로 매출을 올린다. 그런데 소비재에 철강을 이용할 방안을 찾아낸다면 기존 고객 외에 신규 고객을 발굴할 수 있다. 예를 들어 전국의 중고등학교나 기업체 사무실에서 사용하는 책상은 대개 목재로 만들어져 있는데, 이것을 얇은 스틸 소재로 만들어 전국 몇 개 학교에 공급해서 학생들이 직접 사용하게 한다음, 일정기간이 지난후에 학생들을 대상으로 설문을 받았을 때, 스틸로 만든 책상이 기존의 목재로 만든 책상보다 가벼워서 사용하기 편리하고 화재 위험도 없어서 아주 좋다는 반응이 나온다면 철강회사는 기존 고객인 건설회사, 자동차회사, 선박회사가 아닌 학교라고 하는 신규 고객을 확보하게 되는 것이고, 이로인해 많은 신규 수요를 창출할 수 있게 될 것이다. 다시 말해서 철강회사는 산업재 회사지만 책상을 사용하는 소비자 관점에서 책상의 재질을 바꾸는 아이디어를 도출하여 제안 영업을 함으로써 신규 고객을 확보할 수 있는 것이다.

2003년 대구에서 지하철 화재 사고가 났을 때 192명이 사망하고 148명이 부상을 당했다. 이처럼 많은 인명 피해가 났던 것은 지하철 의자 커버가 천으로 만들어져 있어 이것이 타면서 발생한 독가스 때문이었다. 그 사건 이후 지하철 의자는 스틸 재질로 바뀌었다. 만일 이 사고가 터지기 전에 철강회사 영업담당자가 지하철공사를 찾아가 이런 위험성을 설명하고 천 재질을 스틸 재질로 바꿀 것을 권유하는 제안영업을 했더라면 이런 불행한 사고도 미연에 방지하고 철강회사는 지하철공사라는 신규 고객으로부터 상당한 양의 신규 수요를 확보할 수 있었을 것이다.

한편, 고객사의 숨겨진 욕구를 발견하여 새로운 수요를 창출하는 방법이 있다.

첫째, 고객사의 가치사슬을 분석하는 방법이다. 즉 생산, 마케팅, 판매, 서비스의 프로세스 단계별로 가치사슬을 분석하는 것이다. 롤스로이스Rolls-Royce는 항공사의 가치사슬을 항공기 구매, 비행기 스케줄링, 좌석 판매 마케팅, 유지보수 단계로 분류했다. 이 중에서 비행기 스케줄링 단계에서 비수기에는 항공사에 엔진을 판매하는 대신 빌려주는 서비스를 함으로써 비수기에도 엔진을 구입해서 비축해야하는 항공사의 비효율을 제거해줌으로써 새로운 수요를 창출하였다. 또한 유지보수 단계에서 갑작스러운 엔진고장으로 인해 항공사가 운항에 차질을 빚는다는 문제를 해결해주기 위해 롤스로이스의 전문가를 파견해 유지보수 서비스를 해줌으로써 새로운 수요를 창출하였다.

둘째, 고객사와 함께 일하면서 고객의 새로운 욕구를 발견하는 방법이다. 듀폰사는 폭스바겐에 듀폰사 직원을 파견해서 업무 프로세스를 관찰하게 했다. 그 결과 폭스바겐이 비용절감과 친환경 페인트 공정 개발에 대한 숨겨진 욕구를 가지고 있다는 사실을 발견해냈다. 그래서 듀폰은 자동차 도색작업 단계를 줄

임으로써 비용을 절감하고 친환경 페인팅 기술 개발을 해주었다. 그 결과 폭스바겐은 매우 만족하게 되었고, 다른 자동차 회사까지 연결되어 듀폰은 많은 수요를 창출할 수 있었다.

셋째, 최종 소비자의 욕구를 발견하는 방법이다.

톰슨Thomson은 글로벌 정보서비스 업체인데, 톰슨의 주요 고객사는 로펌이고 최종 소비자는 변호사이다. 톰슨이 변호사를 인터뷰하거나 관찰조사를 실시해본 결과 변호사들은 정보 서비스를 이용하는 방식이 각각 다르다는 사실을 발견했다. 최고급 정보 서비스를 원하는 변호사가 있는가 하면 고급 정보 서비스나 기본 정보만 원하는 변호사도 있다는 사실을 알게 되어 정보를 최고급, 고급, 기본으로 분류해서 판매함으로써 보다 많은 수요를 창출하게 되었다.

의사들의 숨겨진 욕구 파악

카디널헬스

카디널헬스Cardinal Health는 의약품 도매업체로 제약사와 병원 사이에서 약을 유통하는 회사였다. 이 회사는 병원에서 환자들에게 약을 나눠주는 과정에서 약을 잘못 취급해 의료사고가 발생한다는 사실을 알게 되었다. 의사들은 의료사고 예방을 간절히 원하는 욕구가 있으므로 이 점에 착안해 카디널헬스는 개별 포장된 약에 바코드를 붙인 의약품 관리시스템을 개발해 의료

사고를 미연에 방지할 수 있도록 해주었다. 그 결과 의약품 자동지급기를 사용하는 병원 중 90%가 카디널헬스의 제품을 사용하게 되었다.

또한 의약품에서 성공한 방식을 수술도구에도 적용했다. 보통 외과수술에는 한 번에 대략 200개의 수술도구가 필요한데, 수술 전에 직접 골라서 살균 운반해야 하고 수술의 종류와 집도의의 선호도에 따라 사용도구가 달라진다. 그러다 보니 시간과 비용이 많이 발생하고 실수도 잦았다. 카디널헬스는 이러한 불편함을 해소해주기 위해 맞춤형 외과수술 키트를 수술 때마다 배달해주는 시스템을 개발해 온라인 서비스로 제공했다. 온라인 상에서 집도의가 직접 고른 도구들을 수술에 사용되는 순서대로 정확하게 정리해 살균 상태로 수술 당일 아침에 배달해줘 좋은 반응을 얻었다. 이 신규 사업으로 매년 약 200억 달러의 매출을 올리고 있다.

B to B는 정교한 마케팅과 고객 관계로 승부하라

소비재는 일반 불특정 다수를 대상으로 제품을 판매하지만 산업재는 특정 고객을 대상으로 한다. 따라서 BtoB 형태의 산업재일수록 보다 정교한 마케팅과 고객 관계가 필요하다. 특히 산업재는 오랜 교섭 끝에 구매가 이루어지고 판매 후에도 판매자와 구매자 간의 상호 의존관계가 지속되어야 하기 때문에 사전에 명확한 콘셉트를 가지고 제안영업이 이루어져야 한다.

이를 위해서는 구체적인 시장세분화 작업이 먼저 이루어져야 한다. 즉 건설, 물류, 공공기관, 제조 등의 고객 소속 산업 분류와 공장규모, 고객위치, 인원수, 구매조직의 구조, 산업 내 경쟁력 등 고객의 조직적 특성, 그리고 은행, 학교, 주민, 상가 등의 최종 소비자 시장, 교량, 도로, 항만, 아파트 등의 제품 응용 영역 등으로 나누어 고려해야 한다. 또한 신규 구매인지, 단순 재구매인지, 아니면 수정 재구매인지도 함께 고려해서 시장을 분석해야 한다.

시장세분화 분석에 따라 각 시장별 수익성을 따져보고 어느 시장에 진입할 것인지를 결정해야 한다. 이렇게 해서 목표시장이 정해지면 회사나 상품을 경쟁자와 차별화해서 고객에게 인식시킬 수 있도록 방문영업이나 매체활용, 전시회 등의 마케팅 활동을 해야 한다.

한편, 산업재 구매는 구매부서의 담당자 한 사람에 의해서 결정되는 게 아니고 집단 의사결정을 한다. 구매담당자 외에도 공장 엔지니어, 공장장, 재무관리자, 경영진 등의 사람들이 직간접적으로 구매결정에 영향을 미친다. 따라서 구매의사 결정에 참여하는 사람들이 어떤 기준을 중요하게 생각하는지를 정확히 파악하여야 한다.

또한 구매자는 많은 경험과 상품에 대한 해박한 지식을 가지고 있는 경우가 많기 때문에 자사 상품에 대한 기술적인 특징과 경쟁제품 대비 상대적인 장점이 무엇인지를 정확히 파악하고 있어야 한다. 그리고 산업재는 구매의사 결정 과정과 단계별 마케팅 활동도 소비재와 달리, 더 복잡하고 정교한 과정이 필요하다. 이를 위해 다음 여섯 가지 활동에 주의해야 한다.

첫째, 구매자가 문제를 인식하도록 판매사원, 광고, 다이렉트 메일 등의 촉진활동을 해야 한다.

둘째, 문제를 인식한 구매자는 내구성, 가격 등 상품이 갖추어야 할 구체적인 특징을 명세서 형태로 작성한다.

셋째, 상품명세서가 확정되면 명세서 조건에 가장 적합한 업체를 인쇄매체나 전시회 참가를 통해서 찾는다. 따라서 산업재 회사의 담당자는 구매자의 고려 상표군에 포함되도록 광고를 하거나 전시회 참가 등의 프로모션 활동을 해야 한다.

넷째, 고려 대상 업체 리스트가 작성되면 구매자는 해당 업체들에게 제안서를 요청하게 된다. 따라서 산업재 담당자는 자사 상품의 우수성을 잘 표현하고 자사상품이 구매자에게 어떤 차별적인 혜택이 있는지를 제안서에 담아야 한다.

다섯째, 구매자는 공급업자의 제안서를 일정한 평가기준에 따라 평가하여 각 업체별로 점수를 내서 최고 점수 업체를 선정하게 된다. 따라서 산업재 담당자는 평가기준과 기준의 중요도를 파악하고 각 경쟁업체의 강약점을 분석하여 자사상품의 상대적인 경쟁 우위점을 부각시켜야 한다.

여섯째, 구매자는 선정된 업체와 납기, 환불, 품질보증기간 등 구체적인 납품조건을 협의하여 최종계약을 체결한다. 계약이 끝나고 납품이 시작되면 구매자는 공급업체의 제품품질, 계약이행 정도 등의 결과를 평가하여 거래관계를 계속 유지할 것인지, 아니면 중단할 것인지를 결정한다.

이러한 산업재 구매의사 결정과정에 영향을 미치는 요소는 조직의 성향이나 조직의 규모, 또 구매담당자 개인적인 동기나 역할이다. 특히 학연이나 지연, 친분관계, 개인적인 야심, 위험회피 성향 등이 구매의사 결정과정에 상당한 영향을 미친다.

우리나라 사회에서는 학연, 지연 같은 개인적인 동기가 더 많은 영향을 미친다. 따라서 산업재 영업에서는 상품을 팔겠다는 생각을 하기에 앞서 구매 관계자에 대한 인적 정보 파악이 먼저 선행되어야 한다. 즉 학교를 어디 나왔고, 고향은 어디고, 취미는 무엇인지 등을 꼼꼼히 파악해둘 필요가 있다. 구매자에 대한 이런 정보에 따라서 접근하는 방법을 달리해서 상대방과의 친밀한 인간관계를 형성해야 하기 때문이다.

특히 영업사원은 구매에 영향을 미치는 구매 관계자를 존중하고, 호감과 신뢰를 쌓아야한다. 자사상품에 대한 불안요소나 찜찜함이 있다면 반론을 제기할 게 아니라 거래처 입장에서 알기 쉽게 논리를 갖고 설명해주고 불안이나 찜찜함을 해소시켜주어야 한다.

중소기업은 항상 '나열'이 아닌 '선택'이어야 한다

선택은 신상품 개발에 있어서 이것저것 다 출시하는 개념이 아니라 시장 기회를 확실히 하고 성공 가능성이 높은 신상품만을 선택적으로 출시하여 집중적으로 육성해야 하는 것을 의미한다. 특히 규모가 작은 중소기업일수록 여러 곳에 자원을 분산하지 않고 한두 가지에 집중하는 전략이 필요하다. 대기업이 끼어들기 어려운 세분화된 시장에서 확실하게 1등을 달성하는 전략이 유리하다. 표준화하기가 어렵고 좁은 상권에서 고객과의 친밀감을 무기로 경영할 수 있는 업종에 집중해야 한다. 또 상품의 기능이나 모양, 사이즈 등을 세분화해 작은 시장에서 1등의 시장지위를 확보해야 한다.

미국의 로얄 크라운 사는 비만 방지 콘셉트을 지닌 다이어트 콜라를 출시해서 성공했으나, 나중에 일반 콜라 시장에까지 뛰어들어 코카콜라와 정면 대결을 펼치다가 시장에서 사라지고 말았다. 이와 마찬가지로, 이마트가 가격파괴로 성공했다고 작은 회사가 따라하게 되면 결국 문을 닫을 수밖에 없을 것이다. 작은 업체가, 대량구매에 따른 원가 경쟁력이 막강한 이마트를 이길 수는 없기 때문이다. 따라서 이런 경우 작은 업체는 가격에 의한 직접경쟁을 피해야 한다. 즉 소비자의 이성보다는 감성에 호소하는 인테리어나 음악, 디자인 같은 차별화된 전략을 구사해야 한다.

신상품 콘셉트를 개발함에 있어서도 임팩트impact 있는 하나의 메시지만을 일관성 있게 전달해야 소비자 기억 속에 남은 브랜드가 될 수 있다. 흔히 상품개발 담당자는 자기가 개발한 신상품이 마치 만능상품인 것처럼 여러 경쟁사 제품이 가지고 있는 장점을 모두 소비자에게 전달하려 한다. 하지만 이것은 담당자의 욕심일 뿐이다. 소비자는 오히려 이런 상품을 신뢰하지 않는다. '가장 의리 없는 게 소비자'라는 말이 있다.

소비자는 자기 살기도 바쁜데 수많은 회사들이 전달하는 내용을 모두 기억해주지 않는다. 자기가 개발한 신상품의 가장 차별적이고 확실한 소비자 혜택만을 반복적으로 전달하는 단순한 콘셉트여야 소비자에게 확실하게 포지셔닝될 수 있다.

단순 콘셉트를 만들려면 나열이 아닌 선택을 해야 한다. 특히 선택이란 이것저것 집어넣는 것이 아니라 중요한 내용 이외의 것을 버리는 것이다. 당연히 선택에는 책임이 발생하기 때문에 위험을 회피하는 경우가 많다. 선택은 임팩트, 높은 위험

high risk, 이익이 있지만, 나열은 저품질, 낮은 위험low risk, 과다경쟁으로 도식화된다.

선택은 분석과 의사결정에 의해 이루어진다. 이러한 선택이 바로 전략이다. 그리고 선택에 의해 적절한 상품 포지션이 정해진다. 제대로 된 선택을 하려면 다음 열 가지 점에 유의해야 한다.

첫 번째, 목표고객이 정해져 있을 경우, 기능을 너무 많이 넣으면 콘셉트가 명쾌하지 않고 세련되지 않은 상품이 된다.

두 번째, 차별화나 새로움을 주려면 필연적으로 틈새시장 기획을 해야 하고, 영업상 일부분의 위험은 피할 수 없다. 위험을 없애려면 보수적인 기획을 해야 하는데 그럴 경우 경쟁이 치열하고 가격경쟁에 휘말려서 이익이 줄어든다.

세 번째, 기능에 관해서는 안이하게 생각하면 다기능이 되어버린다. 품질유지를 기본으로 하고, 가격, 성능, 시기 중에서 어느 것을 중시할 것인지 결정해야 한다.

네 번째, 모든 사용자의 다양한 니즈에 부응하겠다며 무절제한 풀 모델full model을 구성하면 비효율적일 뿐 아니라 주목받는 브랜드가 될 수 없다.

다섯 번째, 경쟁사의 최신 동향에 과다대응해서는 안 된다. 경쟁사의 동향에 민감해야 하는 것은 당연한 것이지만, 모든 변화에 대응한다면 콘셉트만 계속 수정될 뿐 진전이 있을 수 없다.

여섯 번째, 타사 상품의 장점만을 모아 놓으면 국적 없는 제품이 되고 만다. 그럴 경우 브랜드 아이덴티티^{brand identity}에까지 악영향을 미친다.

일곱 번째, 디자인에 대해서도 전략적 선택이 필요하다. 이 것저것 다 갖다 붙이는 '나열형' 디자인은 안 된다.

여덟 번째, 낮은 위험^{low risk}, 나열기획, 저품질, 과당경쟁, 낮은 이익, 낮은 이미지^{low image}의 악순환에서 탈출하기 위해서는 품질 확보를 전제로 요소를 정리해야 한다. 쟁점이 되고 있는 기능이나 성능 이외의 것은 무시하거나 간단히 해야 한다.

아홉 번째, 일단 결정된 방침 또는 상품 콘셉트는 타사의 동향에 따라 흔들리지 말고 추진해야 한다. 단기적으로 불리한 상황이 발생해도 기본방침은 바꾸지 않는 수정에 그쳐야 한다.

열 번째, 명쾌한 콘셉트를 위해서는 각각의 요소나 조건에 가중치를 설정하고, 주가 되는 것과 하위가 되는 것을 분명히 한다.

나열^{and}이 아닌 선택^{or}의 개념은 사업 확장에 있어서도 마찬가지다. 무분별한 문어발식 또는 나열식의 사업 확장은 경쟁력을 약화시킨다. 다만, 초경쟁 환경하에서는 기존의 핵심역량에 집중하되, 핵심역량을 기반으로 하여 소비자 라이프스타일 변화나 소비자 욕구변화에 맞는 신사업도 지속적으로 탐구하여 기존의 사업과 시너지효과를 줄 수 있는 새로운 사업에도 진출해야 한다.

미국에서 치과 치료 재료를 취급하는 비스코의 서병인 대표는 "우리의 경쟁업체는 3M이다."라고 말한다. 비스코는 제품연구개발 중심 기업이지만 교육을 통해 치과산업 신장을 위한 노력도 병행하고 있다. 미국치과협회의 평생교육 프로그램에 참여하여 최첨단기술 및 재료에 대한 교육을 실시하고 있으며, 2006년 개최된 미국치과연구학회AADR로부터 미국치과계에 많은 기여를 한 사람에게 주어지는 상인 'EUGENE W. SKINNER Award'를 수상하기도 했다.

비스코의 성공 요인은 기술로 무장해 한 분야의 최고가 된 데서 찾을 수 있다.

비스코는 미용치과학 중 충전제와 접착제 분야에서 창업해 10여 년 만에 리더로 부상했으며, 충전제와 접착제 세계시장 점유율은 약30%이다. 약 30종의 브랜드를 보유하고 있으며 지속적인 신제품 개발을 통해 새로운 시장에 진출하여 시장 영역 확대 중이다. 비스코의 모든 제품은 미국치과학회에서 요구하는 기준을 크게 상회한다. 비스코는 약 140명의 연구개발 및 경영, 생산직원을 보유하고 있는데, 특히 연구직원 중 박사학위 소지자만 30여 명에 이르고 있어 3M과 같은 치과 재료 분야 대기업에 전혀 뒤지지 않는 인력이다.

서병인 사장은, 창업 초기에 가장 힘들었던 점은 제품연구 개발보다 제품판매와 마케팅 활동이었다고 한다. 그래서 마케팅 전문 직원을 고용해 문제를 해결했는데, 제품 품질의 우수성을 알리기 위해 치과 재료 전문 전시회에 참여하고, 학회나 세미나에 연사로 참석하여 제품 품질의 우수성을 홍보했다.

비스코는 국가마다 다른 판매전략을 구사한다. 미국에서는 치과의사에게 직접 판매하고, 외국에서는 독점판매계약을 체결한 현지 공급 업체를 통해 판매한다. 특히 미국에서는 Just In Time^{JIT}, Manufacturing Resource Planning$^{MRP\,II}$ 실행을 통해 신속하고 정확한 배송서비스를 제공한다. 중간유통업체를 통하지 않고 직접 치과의사에게 판매하는 전략을 추진해 판매비용을 절감하고 소비자와 직접 의사소통할 수 있는 기회를 확보한 것이다.

비스코의 성공비결로 서병인 사장은 다음 두 가지를 꼽는다.

- 타이밍과 운, 노력이 한꺼번에 맞아야 하며, 이 중 가장 중요한 것은 노력이다. 특히 노력은 본인 스스로 오래 일해도 싫증나지 않고 열심히 할 수 있는 분야여야 한다.
- 다방면으로 뛰어난 것보다 한 가지 전공 분야에 대해 집중하고 파고들어가는 일관성이 요구된다.

해외시장 진출만이 중소기업 성장을 담보한다

우리나라 중소기업 중 60% 정도는 아예 수출을 못하고 있다. 중소기업이 이전보다 좋은 경영성과를 내려면 수출이 이뤄져야 한다는 것은 누구나 알고 있지만 현실적으로 이것은 그리 쉬운 일이 아니다. 수출 시장에 대한 이해 부족, 약한 브랜드 파워 그리고 부족한 판매 네트워크 등이 중소기업으로 하여금 선뜻 글로벌 시장에 도전하지 못하게 한다. 이는 수많은 중소기업이 필연적으로 겪게 되는 문제점이다.

하지만 글로벌 시장에서 성공한 중소기업은 이미 그런 문제를 슬기롭게 극복했다. 다시 말해 길이 있다는 얘기다.

사실 해외 시장에서 경쟁자들을 뚫고 기존 유통 채널에 진입하는 것은 상당히 어려운 일이다. 이때 중소기업이 활용할 수 있는 방법으로 두 가지가 있다. 우선 해외 시장에서 인지도가 있는 대기업과 연계해 진출하는 방법이 있다. 인지도가 있는 대기업과의 거래 사실이 있으면 바이어를 만날 때 대기업 브랜드의 위상을 빌려 유리한 계약 성과를 올릴 수 있다. 또한 이미 해외 시장에 진출한 업체와 제휴하는 방법도 있다. 자동차 부품 업체 세원정공은 미국에 수출하면서 기존 거래업체인 한진과의 제휴로 현지 유휴 창고를 저렴한 비용으로 사용하고 있다.

한편 중소기업이 글로벌 시장을 공략하려면 글로벌 인재 확보가 필수적이다. 물론 인재 확보가 쉽지 않을 수도 있지만 대기업의 퇴직 인력이나 현지인을 고용하는 방법도 효과적이다. 예를 들어 한경희생활과학은 펜실베이니아 주의 미국 지사에서 근무할 직원을 모두 현지인으로 채용했고, 마케팅 유통 경험이 있는 현지인을 지사장에 앉혀 미국 진출을 성공적으로 이끌어 냈다. 특히, 중소기업이 해외시장에 진출해서 승패를 좌우하는 것은 어떻게 판매유통을 확보하느냐 하는 것이다. 따라서 현지 유통상황이나 판매경로별 특징과 장단점을 잘 이해하고 있고, 현지 유통 바이어들과의 인맥이나 네트워크를 가지고 있는 사람을 현지 책임자로 채용해야 진입 초기에 수월하게 판매를 확대해 나갈 수 있다. 뿐만아니라 중소기업이 해외시장에서 새로운 거래선을 확보하기 위해서는 무엇보다도 전시회나 박람회 참가가 아주 중요하다. 중소기업은 TV, 신문 같은 매스미디어를 통해 자사상품을 홍보할 자원적인 여력이 충분하지 않다. 따라서 크고 작은 전시회에 참가해서 자사상품을 홍보하는게 훨씬 효율적이고 성과도 좋다. 서울시에서는 해외시장을 진출하고자 하는 중소기업이 해외 전시회에 참가하고자 하는 경우에 관련 전문가들을 통해 중소기업에 컨설팅 서비스를 제공하고, 전시회 참가비용도 일부 지원하는 제도를 운영하고 있다. 따라서 이런 제도를 통해 지원받는 것도 비용을 줄이면서 성과를 높이는 좋은 방법이 될 수 있다.

자체 브랜드로 해외시장 공략

오로라월드

1981년 캐릭터 인형 제조업체로 출발한 오로라월드는 세계 정상의 캐릭터 콘텐츠 기업으로서 글로벌 시장을 선도하고 있다. 창립 당시 오로라월드는 해외 유명 브랜드의 봉제완구를 대신 만들어주는 OEM 방식으로 운영되었다. 그때까지만 해도 완구업은 전형적인 노동집약형 산업이었다.

그런데 1988년 서울올림픽이 끝난 시점부터 급격한 임금상승 압박이 밀려들었고 해외 주문기업의 납품단가 인하 요구도 빗발쳤다. 오로라월드는 생산설비를 인도네시아로 이전해 낮은 인건비로 어려운 상황을 극복하려 했지만 인건비 인하 요구 외에도 주문량과 결재조건이 상황에 따라 변했기 때문에 단순히 인건비를 인하하는 것만으로는 상황을 개선하기가 어려웠다.

생존을 위해 특단의 조치를 내린 오로라월드는 자체 브랜드를 만들어 글로벌 시장에서 승부를 걸겠다는 전략을 세우고 'A&A PLUSH'라는 브랜드를 내세웠다. 이들은 먼저 세계 캐릭터 완구 시장의 40%를 차지하는 미국 시장을 공략했지만, 미국 시장에서 낯선 브랜드로 인정받기란 결코 쉽지 않았다.

미국 시장의 높은 벽을 실감한 오로라월드는 우회 전략으로 회사의 역량을 디자인에 집중하기로 결정했다. 본사의 디자이너를 미국으로 파견하고 현지 디자이너를 채용해 디자인팀을 꾸렸다. 이러한 노력의 결과는 서서히 나타났다. 무엇보다 한국의 오자미에서 얻은 아이디어를 활용해 캐릭터 완구 속에 플라스틱 알갱이를 채워 독특한 촉감을 느낄 수 있도록 만든 완구에 미국인들이 관심을 보이기 시작했다.

그런데 기존의 오로라월드에 발주했던 기업들이 자체 브랜드 영업활동에 불만을 품고 주문을 철회하는 사태가 벌어졌다. 자체 브랜드만으로 회사를 경영해야 하는 위기에 봉착한 것이다. 이 문제를 해결하기 위해 오로라월드는 해외 전시회와 박람회로 눈길을 돌렸다. 1년에 30여 개가 넘는 전시회와 박람회에 참가해 브랜드를 알리는 작업을 했다. 이러한 전략적 마케팅 활동 덕분에 오로라월드는 명품이 아니면 입점할 수 없는 영국의 헤롯백화점 최초 입점, 미국 유니버셜 스튜디어 캐릭터숍의 최고 인기상품 등극, 러시아 시장점유율 1위 등 창업 29년 만에 세계 시장을 선도하는 기업으로 우뚝 서게 되었다.

오로라월드는 수출 시장을 이해하고자 현지 조사업체를 동원해 소비자의 특성과 라이프스타일을 연구했다. 또한 현지 마케팅 업체와 업무제휴를 하거나 이미 진출해 있는 다른 기업과 전략적으로 제휴해 갭을 줄여나갔다. 약한 브랜드 파워를 보완하기 위한 작업에서도 톡톡 튀는 아이디어가 돋보였다. 대표적으로 전시회 및 박람회, 특정 지역, 특정 유통 채널을 타깃으로 해서 차근차근 브랜드를 알리는 활동을 펼쳐나갔다. 시장의 규모를 단계적으로 키워나가는 방법도 상당히 효과적이다. 다시 말해 장기간에 걸쳐 브랜드를 조금씩 알려나가는 것이 유리하다는 뜻이다. 그리고 부족한 판매 네트워크를 확보하기 위해 다양한 방법을 시도했다.

중소기업의 해외 틈새시장 성공 전략이라는 관점에서 오로라월드의 사례를 분석해보면 세 가지 성공 요인을 추출할 수 있다.

첫째, 시장에서의 장기적인 성장을 위해 올바른 전략을 세우고 실행했다. 낮은 인건비로 겨우 채산성을 맞췄던 완구 산업은 1990년대에 들어서면서 OEM 방식으로는 더 이상 희망이 없다는 사실을 간파한 오로라월드는 자체 브랜드를 만들어 완구 시장을 캐릭터 콘텐츠 영역으로 재정의한 다음 사업구조를 다시 세팅했다.

둘째, 회사의 핵심역량을 디자인으로 정의하고 그 역량에 집중해 효과를 최대화하는 데 성공했다. 오로라월드는 본사 인력의 40%가 디자이너로 구성되어 있다. 디자이너들이 세계적인 수준의 역량을 계속 유지하도록 근무 환경을 개선하는 것은 물론 트레이닝에 집중하고 있다. 이러한 역량을 바탕으로 오로라월드는 멸종 위기에 처한 동물들을 모델로 한 '유후와 친구들' 캐릭터를 개발했고, 이를 통해 캐릭터 콘텐츠 비즈니스를 성공적으로 이끌고 있다.

셋째, 광고비를 대거 투입하는 대신 전시회, 박람회를 통한 브랜드 홍보활동으로 효과를 극대화했다. 오로라월드는 브랜드를 알리기가 쉽지 않은 중소기업의 한계를 극복하기 위해 전 직원이 인형을 들고 미국의 35개 주에서 열리는 박람회를 찾아다니며 홍보활동을 벌였다. 대형 소매점 납품을 대행하는 세일즈 대리인을 직접 접촉하는 방식으로 마케팅활동을 펼친 것이다.

옴니채널^{Omni Channel} 전략으로 승부하라

중소기업이 기존 유통 채널 및 시장으로 진입하는 데는 많은 어려움이 따른다. 기존 경쟁자들이 이미 자리를 차지하고 있기 때문에 진입 자체가 쉽지 않고 설사 진입을 하더라도 만만치 않은 비용이 발생한다.

일단 어떤 아이디어를 내고 그것의 제품화에 성공하면 대다수의 중소기업이 곧 성공할 것 같은 예감에 들뜨게 마련이다. 하지만 개발한 제품을 유통 채널 및 시장으로 진입시키는 단계로 넘어가면 당혹감을 감추지 못한다. 소비자에게 판매되기도 전에 유통 채널로부터 거절을 당하거나 과도한 유통비용으로 유통 매장에 진입하지 못하는 사태가 벌어지기 때문이다.

이런 문제를 해결하려면 다양한 유통 채널을 탐색하거나 새로운 시장 진출로 눈을 돌려 승부수를 띄워야 한다. 또한 판매 채널의 특성과 타깃에 따라 제품 전략, 가격 전략, 프로모션 전략을 다르게 짜야 한다. 판매 채널의 특성과 타깃을 무시한 전략은 마케팅 자원의 비효율을 불러오고 궁극적으로 중소기업의 경쟁력을 무너뜨리는 요인이 된다.

유통은 상품 및 서비스가 생산자로부터 소비자에게로 전달되는 하나의 흐름이다. 유통에서 궁극적으로 중요한 것은 소비자 관점의 장소 편의성, 다양한 상품구성, 품질유지, 정보제공 등의 서비스 달성이 가능한 유통경로의 개발과 선택이다.

소비자와 시장이 변하면 유통도 변할 수밖에 없는데 최근에는 소비자의 욕구 변화와 인터넷의 발달로 유통 환경이 빠르게 변화하고 있다. 특히 유통 채널이 다양화되면서 개인, 기업, 사업자 등 누구나 까다로운 입점 조건 없이 판매 기회를 얻을 수 있다. 무점포 형태의 신유통 채널이 바로 그런 시장이다. 신유통 채널의 대표적인 형태로는 홈쇼핑, 인터넷쇼핑몰, 온라인 마켓플레이스누구나 판매할 물건을 인터넷 사이트에 올려 물건을 판매하거나 필요한 물건을 구매하는 방식의 인터넷 중계 쇼핑몰, 카탈로그 및 대인 판매 등이 있으며 이들은 갈수록 성장을 거듭하고 있다. 이러한 무점포 유통 채널은 모바일쇼핑, 위성공중파 DMB 및 IPTV쇼핑 등으로 진화하면서 경쟁이 더욱 치열해질 전망이고 더불어 시장 규모도 커질 것으로 보인다.

무점포 유통은 소비자의 생활에도 많은 변화를 일으키고 있다. 예를 들어 인터넷을 통해 24시간 내내 거래가 가능한 전자상거래가 활성화되면서 소비자는 언제 어디서든 원하는 제품을 찾아 비교해보고 구매할 수 있게 되었다. 예전처럼 매장의 영업시간에 맞춰 차를 타고 이동한 다음 주차장에서 빈자리를 찾아 헤매는 등의 번거로움이 필요 없게 된 것이다.

사실 기존의 유통 채널에서는 물리적인 매장이 필수적이라 임대료나 인건비 등의 비용이 발생했다. 제조업체는 이러한 유통비용을 제품가격에 포함시켜 판매했고 소비자는 항상 제품 원가보다 월등히 높은 가격에 제품을 구매할 수밖에 없었다. 하지만 점포가 필요 없는 무점포 유통에서는 낮아진 유통비용을 소비자 리베이트 혹은 할인 등의 프로모션으로 소비자에게 돌려주기 때문에 좀 더 합리적인 소비가 가능하다. 무점포 유통이 갈수록 확대되는 이유가 바로 여기에 있다.

무점포 판매는 중소기업에게도 큰 이점을 제공한다. 무점포 유통 채널이 주로 중소기업 상품을 취급하는 경우가 많아 전국적인 유통망을 갖추기 어려운 중소기업의 상품 판매에 큰 기여를 하기 때문이다. 또한 무점포 판매의 본질이 유통단계를 축소하고 점포 유지를 위한 판매 관리비와 물류비용을 최대한 낮춰 소비자에게 보다 저렴한 상품을 공급하는 데 있기 때문에 후발주자에게도 다양한 기회를 제공한다. 실제로 일반 시판시장에 뒤늦게 뛰어든 후발주자는 출혈경쟁을 하기보다 틈새시장을 겨냥한 다양한 신상품으로 무점포 판매를 하는 것이 더 유리할 수 있다.

유통환경의 또다른 큰 변화 중의 하나는 오프라인과 온라인이 융합되고 있다는 것이다. 소위 쇼루밍Showrooming족의 등장이 이런 현상을 가져오고 있다. 쇼루밍족이란 오프라인 매장에서 제품의 질과 가격을 확인한 뒤, 온라인 쇼핑몰에서 최저가격으로 구매하는 사람들을 말한다. 반대로 역쇼루밍은 제품에 대한 정보를 온라인상으로 확인한뒤, 오프라인 매장에 가서 구매를 하는 형태이다. 이러한 쇼루밍과 역쇼루밍 현상은 다양한 멀티채널 시장에서 채널별 최적화를 추구했던 방식을 이제는 판매 채널간의 역할을 재정립, 채널별 최적화가 아닌 전사적인 관점에서 채널의 최적화를 추구하는 방식으로 바뀌게 만들고 있다. 이것이 바로 옴니채널Omni Channel 전략으로 여러 채널을 유기적으로 결합해 고객경험을 극대화시키는 전략이다. 특히, 최근의 소비자들은 어느 채널에서 쇼핑을 하던간에 구매이전 단계에서 온라인 검색을 통해 상품을 먼저 판단한다. 구글은 이것을 ZMOT Zero Moment of truth라고 했다. 즉, 스마트폰 검색을 통해 상품정보를 먼저 얻는 다음, 오프라인 매장에서 상품을 직접 확인한후 가장 저렴한 온라인 유통채널을 검색해 상품을 구매하는 비정형화된 구조로 급격하게 변화되고 있다, 옴니채널은 이와 같은 비정형화된 구매 프로세스를 바탕으로 온.오프라인 및 모바일에서의 고객과 유통채널간 고객 접점 전반을 관리하고 최적화하는 개념이다.

따라서 이러한 유통환경의 급격한 변화 속에서 다양한 판매 채널을 확보하기가 어려운 중소기업은 오히려 옴니채널을 기회요소를 활용하는 전략이 바람직하다. 특히, 소비 성향의 급격한 변화, 모바일기기의 대중화, 소셜미디어의 일반화, 그리고 모바일 쇼핑이 인터넷 쇼핑몰 성장을 견인하는 트렌드를 감안해서 많은 비용이 들어가는 오프라인 매장 확보에 집중하기보다는 발빠르게 옴니채널 및 모바일 투자를 확대하는 전략이 비용 투입은 줄이면서 성과는 높일 수 있고, 대기업에 대응해 중소기업의 장점을 살릴 수 있는 경쟁우위의 차별화 전략이라고 할 수 있다.

홈쇼핑에서 오프라인 매장으로

한경희생활과학

한경희생활과학은 2000년대 초반 한국 스타일에 맞는 스팀청소기를 최초로 개발해서 판매를 시작했다. 하지만 청소기의 유통 경쟁은 매우 치열했고 중소기업인 한경희생활과학이 일반 전자제품 매장에 제품을 진열하는 것은 매우 어려운 일이었다. 어렵사리 입점에 성공해도 스팀청소기의 장점을 모르는 소비자들이 매장에 덩그러니 놓여 있는 제품을 구매하려 하지 않았다. 좋은 제품이니 잘 팔릴 것이라는 꿈은 현실의 높은 장벽 앞에서 여지없이 무너졌던 것이다.

유통 채널을 고민하다 홈쇼핑 판매에 집중하기로 결정했다. 다행히 홈쇼핑 유통 채널의 특성과 스팀청소기는 서로 궁합이 잘 맞았다. 쇼핑호스트가 스팀청소기를 들고 나와 특장점을 설명한 다음 직접 바닥을 깨끗이 닦아내는 모습이 방송을 타면서 소비자들은 스팀청소기의 특징과 기능에 반하게 되었다. 한 시간 동안 진행된 방송을 통해 스팀청소기는 그야말로 대박을 터뜨렸다. 이어진 방송에서도 매번 매진기록을 달성했고 소비자들 사이에 입소문이 퍼지면서 그토록 진입하기 어려웠던 다른 유통 채널에서도 입점을 요청하기 시작했다.

소비자에게 인정받는 브랜드와 제품은 어떤 유통 채널이든 원하게 마련이다. 소비자에게 인정받는 순간 그 제품은 다양한 유통 채널의 구애를 받게 되는 것이다. 국내에서 단단히 경험을 쌓은 한경희생활과학은 해외 시장에 진출할 때도 오프라인 유통 채널을 뚫기 전에 먼저 홈쇼핑 등의 무점포 채널을 이용했다. 무점포 채널을 통해 소비자들에게 제품의 기능과 우수성을 인정받으면 오프라인 채널에 입점하는 것은 어렵지 않기 때문이다.

기존의 유통 채널에 진입하기가 쉽지 않은 중소기업의 입장에서는 홈쇼핑, 온라인 같은 무점포 채널을 이용하는 것이 초기 시장진입에 효과적일 수 있다. 하지만 채널의 특성과 기타 조건을 확인하지 않고 무작정 진입할 경우 실패 확률이 높은 만큼 꼼꼼한 검토가 필요하다. 진입할 채널에 대한 사전조사와 초기 투자비용, 투자 회수 시점 등에 대해 세밀한 계획을 세워야 한다.

소셜미디어 마케팅으로 열렬한 팬을 확보하라

1994년 국내에서 인터넷 서비스가 처음 상용화되었는데, 20년이 된 오늘날 우리는 과거에는 상상하기도 힘든 세상을 살아가고 있다. 초고속 인터넷과 스마트폰 보급으로 언제 어디서든 세계 곳곳의 정보를 검색하고 전 세계 동영상을 즐길 수 있게 되었다. 2013년 기준 우리 국민의 인터넷 이용률은 82%였으며, 이 가운데 10~30대의 인터넷 이용률은 99%에 육박할 정도이다. 이런 사회적 변화에 따라 인터넷을 이용한 웹 마케팅의 규모는 놀라운 속도로 확대되었으며, 최근에는 소셜미디어Social media를 활용한 마케팅이 기업 경영활동에서 하나의 큰 흐름으로 자리잡아 가고 있다. 소셜미디어는 트위터나 페이스북, 싸이월드와 같은 SNS뿐만 아니라 온라인 커뮤니티, 블로그, 팟캐스트, 사진·동영상 공유, 소셜북마크 등과 같이 사용자 간에 상호작용과 콘텐츠 생성이 일어나는 모든 형태를 포함한다.

이러한 소셜미디어를 활용한 마케팅 환경은 앞으로도 지속적으로 진화되고 변화할 것으로 보이는데, 그 이유는 다음 두 가지다.

첫째, 소비자의 구매 행동이 변했다.

스마트폰과 인터넷의 발달로 정보가 오픈되면서 '입소문'이 강한 영향력을 발휘하게 되었다. 이전까지만 해도 소비자가 제품 관련 정보를 얻기 위해서는 팸플릿이나 매장 판매원을 통하는 길밖에 없었다. 하지만 이제 소비자는 제품을 구매하기 전에 검색부터 시작한다. 게다가 스마트폰 사용으로 검색도 더욱 편리해졌다. 기업에서 내보낸 정보를 살펴보는 것은 물론, 가격비교 사이트나 블로그, 카페를 이용해 다른 소비자들의 상품평까지 확인해볼 수 있다. 이에 따라 입소문에 의한 소비자의 직접적인 평가는 구매 결정에 부정적 혹은 긍정적인 영향을 미치게 되었다.

둘째, 정보 선택의 주체가 바뀌었다.

커뮤니케이션 흐름이 일방적이던 시절에는 기업 측이 의도한 정보만 소비자에게 전달되었다. 기업이 제품 및 서비스 관련 정보를 생성하고 선택하는 주체였다는 얘기다. 하지만 이제는 그 막강한 권력이 소비자에게로 넘어갔다. 물론 기업이 의도적으로 기업 및 제품에 대해 호의적인 정보를 유도하는 경우도 있지만 이는 매우 제한적이다. TV와 인쇄광고를 제외한 웹 커뮤니티, 블로그 광고 등은 기업이 임의로 조작하기가 쉽지 않다. 설사 조작을 하더라도 소비자들이 그 사실을 쉽게 알아내기 때문에 오히려 역공을 당하기 십상이다.

최근 소셜미디어와 함께 살아가는 소비자의 일상생활을 들여다보면 실제로 많은 변화가 일어났음을 실감할 수 있다. 변화는 두렵기도 하지만 그것을 잘 활용하면 커다란 기회가 될 수 있다. 실제로 소셜미디어가 등장한 이후의 시장 변화를 바르게 이해하고 신속하게 대응해 여러 가지 기회를 얻은 기업들도 있다.

우선 소비자의 일상생활이 어떻게 바뀌었는지 그 단면부터 살펴보자. 아침에 일어나 웹사이트에서 뉴스를 보고 뉴스에서 언급된 내용을 자세히 알고 싶으면 블로그를 검색한다. 음악은 음반가게에 가는 것이 아니라 음원 사이트에 들어가 약간의 돈을 지불하고 다운로드해 듣는다. 필요한 정보가 있을 때는 웹 검색 사이트에서 정보와 자료를 검색한다. 이때 보다 정확한 정보를 원한다면 지식 사이트나 커뮤니티를 통해 추가적으로 탐색할 수 있다. 굳이 사람을 사귀기 위해 밖으로 나갈 필요도 없다. 스스로 블로그나 카페를 열고 자신의 이야기나 콘텐츠를 올려놓으면 전혀 모르는 사람들과도 교류할 수 있다. 필요한 제품이 있으면 온라인 쇼핑몰에서 구매하고 카드로 지불한다. 물론 은행 일도 대부분 온라인 뱅킹을 활용한다.

이처럼 소비자의 생활패턴이 바뀌면서 시장도 변화하고 있다. 과거에 통했던 기업의 마케팅 활동에 연연해서는 안 된다. 소품종 대량생산 방식 역시 먹히지 않는다. 덕분에 대기업이 지배하던 시장에 균열이 생겼고, 이러한 변화는 중소기업에 좋은 기회가 되고 있다. 대기업이 미처 챙기지 못하는 틈새를 적절히 공략해 소비자 만족과 가치를 이끌어낸다면 중소기업에게도 충분히 승산이 있다.

요즈음은 예전처럼 대박을 치는 히트 상품은 찾아보기 힘들다. 제품의 라이프사이클이 짧아지고 소량 다품종 시대가 되었기 때문이다. 또한 갈수록 기업 활동의 진정성에 대한 소비자의 신뢰도가 떨어져 많은 마케팅 자원을 투입하고서도 결과가 만족스럽지 못한 경우가 많다. 그러다 보니 소비자의 응집력과 힘이 기업의 사활을 좌우하고 있다.

특히 소셜미디어와 스마트폰을 통한 쌍방향 또는 1인 다자간의 커뮤니케이션이 활성화되고 전파 속도가 빨라지면서 소비자 참여와 공감 확대가 마케팅에서 아주 중요한 수단이 되었다. 그뿐만 아니라 소비자는 기업이 전하는 정보보다 다른 사람의 사용 경험을 더 신뢰한다. 따라서 카페나 블로그의 상품평이 히트상품을 좌우하고 UCC동영상이나 체험후기, 그리고 인터넷의 바이럴viral 마케팅이 그 어떤 마케팅 수단보다 강력한 영향을 미친다.

소비자는 제2의 영업사원이다. 기업도 이제는 연예인처럼 열렬한 팬을 확보해야 한다. 인터넷 카페나 블로그에서 우리

회사를 응원하고, 우리 회사 상품을 칭찬하는 팬들이 늘어나야 한다. 따라서 이제는 착한 기업만이 살아남는다. 정직하지 않은 기업, 부도덕한 기업은 네티즌들에 의해 하루아침에 위기를 맞을 수도 있다.

수출 상담도 웹으로

삼원특수

콘크리트 구조물 누수 및 보수보강 업체인 삼원특수는 온라인 마케팅을 통해 해외 시장을 개척하고 있다. 온라인을 활용해 수출 경험이나 관련 인프라가 부족한 중소기업은 해외 시장이 힘들다는 단점을 극복하고 있는 것이다. 2009년 4월부터 글로벌 온라인 무역 시장에 진출한 삼원특수는 8개월 만에 호주, 캐나다, 중동과 계약을 성사시켜 매출액을 10% 성장시키는 성과를 이뤄냈다.

해외 시장을 개척하려면 직접 해외 바이어를 찾아가거나 전시회에 참가해 바이어와 상담을 해야 하는데, 중소기업의 입장에서 비용과 인력 면에서 상당히 부담스런 일이다. 그런데 삼원특수는 이러한 비용을 거의 들이지 않고 해외 시장을 개척해냈다. 중소기업청 산하 중소기업수출지원센터에서 실시하는 수출기업화 사업에 참여해, 세계 최대 전자상거래 업체인 알리바바닷컴 유료회원 서비스를 받아 각 지역의 바이어와 연결된 것이 거래 성사에 많은 도움이 되었다.

웹을 이용해 전 세계 바이어와 접촉하고 수출 상담을 한 이후부터 삼원특수는 수출 경험이 부족한 초보기업도 수출기업으로 발돋움 할 수 있다는 자신감을 갖게 되었다고 한다. 2014년 현재 일본, 미국, 말레이시아, 인도네시아, 싱가포르, 오스트리아, 인도, 러시아 등 여러 국가에 수출을 진행하고 있다.

삼원특수의 사례는 웹 시대의 변화를 단적으로 보여준다. 이제는 수출 상담도 웹에서 가능한 시대가 된 것이다. 웹을 이용할 경우 시간이나 지리적인 제약이 없고 무엇보다 커뮤니케이션 비용이 상당히 저렴하다. 많은 소비자나 바이어의 생활패턴이 바뀌는 오늘날 중소기업이 결코 웹 마케팅을 놓쳐서는 안 되는 이유가 바로 여기에 있다.

SNS를 마케팅 핵심 수단으로 활용하라

소셜미디어 중에서 SNS^{Social Network Service}는 사교적인 연결망을 제공하는 서비스다. SNS는 웹상에서 개인의 정보를 공유할 수 있게 해주고, 의사소통을 도와주는 1인 미디어로서 지인과의 폭넓은 인적 네트워크를 형성할 수 있도록 해준다.

SNS는 보다 다양한 사람들과 사회적 친분관계를 맺고 싶어 하는 욕구 증가에 따라 갈수록 큰 인기를 끌고 있으며, 친목도모, 엔터테인먼트 등의 용도를 넘어 제품 마케팅, 정보공유, 검색 등의 다양한 목적으로 활용되고 있다. 한때 10대 후반과 20대 초반 젊은이들의 전유물로 여겨졌던 SNS는 이제 중장년층은 물론, 정치인과 연예인 등 다양한 분야의 사람들이 사용하고 있다.

그리고 기업들도 이러한 SNS를 포함한 소셜미디어를 통해 고객들을 불러 모으고, 소비자와 소통하기 시작했다. 소셜미디어의 영향력은 과거 기업이 주도했던 마케팅과 유통구조를 무너트리고, 기업과 소비자 관계를 고객주도형 마케팅 패러다임으로 진화시키고 있다. 소셜미디어 내에서 오가는 제품이나 점포에 대한 정보를 오프라인 매장에서 POP나 매체광고 문구로 활용하기도 하고, 트위터를 활용해 고객문의에 대응하거나 집객도구로 활용하기도 한다.

이뿐만 아니라 소셜미디어를 새로운 판매경로로 적극 활용하는 경우도 있다. 소셜미디어가 유통과 결합하여 소셜미디어 기반의 새로운 유통형태가 등장한 것이다. 소셜커머스Social Commerce가 대표적인 사례이다. 짧은 시간에 많은 인원을 집객할 수 있는 장점을 갖춘 소셜커머스는 가격을 낮추더라도 단시간에 높은 매출을 올리고자 하는 기업의 욕구와 맞물려 소비자가 원하는 좋은 상품을 저렴한 가격에 공급하는 새로운 형태의 상거래로 자리매김하고 있다. 소셜커머스는 소비자의 관심과 참여가 거래 성사는 물론 가격에까지 영향을 미치며, 소비자 간의 활발한 커뮤니케이션과 의견교환이 제품의 품질과 A/S와 같은 고객 서비스에도 영향을 미치게 한다.

최근 스마트폰 사용자 증가와 더불어 실시간성을 가진 SNS가 일반화되면서 주요 대기업들은 아예 SNS 전담팀을 꾸려 고객과의 소통은 물론 마케팅 도구로 적극 활용하고 있다. 특히 주류·식품업체들의 SNS 마케팅은 기업의 매출을 좌지우지할 정도로 1순위 영업 수단이 되고 있다. SNS 마케팅의 경우 가장 큰 장점은 소비자들의 자발적인 제품 구입을 유도할 수 있다는 것이다. 또한 업체 간의 과당경쟁도 유발하지 않고 마케팅 비용은 TV광고비와 비교할 수 없을 정도로 저렴하다.

하지만 SNS를 고객과 소통하는 창구가 아니라 자사의 제품이나 서비스를 일방적으로 홍보하는 창구로 활용하려 하거나 고객들이 필요로 하는 정보가 아니라 기업이 일방적으로 알리고 싶은 정보만을 확산시키려 하면 가시적인 성과를 올리기가 어려울 수 있다.

SNS를 통한 고객과의 커뮤니케이션은 고객 네트워크에 기업이 참여하는 것이다. 과거에는 경험해보지 못했던, 고객과 실시간 직접 소통하는 커뮤니케이션 채널이다. 따라서 고객에게 메시지를 전달하기보다는 고객과 자연스럽게 관계를 형성하면서 그들로부터 의견을 듣는 소중한 채널로 활용해야 한다.

SNS를 잘 활용하면 적은 비용으로 고객과의 관계를 강화하는 한편 고객의 취향이나 라이프스타일에 대한 심층정보를 획득하여 상품기획이나 마케팅에 활용할 수 있고, 소비자의 사용후기, 상품평을 브랜드 홍보와 판매촉진을 위한 효과적인 도구로 활용할 수도 있다.

특히나 소셜미디어는 고객의 반응이 실시간으로 올라온다는 특징이 있고, 그 파급력이 온라인을 넘어 오프라인까지 또는 반대로 오프라인에서 다시금 온라인으로 확산될 정도로 점점 커져가고 있기 때문에 지속적인 관리와 피드백이 필요하다.

따라서 기업들은 SNS 마케팅에 집중하여 고객들과의 끊임없는 소통이 이루어질 수 있도록 해야 한다.

이때 주의할 점은 SNS는 일방적인 홍보가 아닌 소통이라는 점이다. 그러기 위해서는 사용자가 어떤 콘텐츠를 원하는지부터 파악해야 한다. 그런 다음 그들의 요구를 충족시켜줄 콘텐츠를 찾아내야 한다. 또한 SNS는 가장 최신 소식이 전해지는 곳이므로 SNS 마케팅을 하려면 늘 최신 뉴스 및 트렌드에 민감해야 한다.

그리고 유튜브와 같은 동영상을 이용한 마케팅 활동도 필요하다.

초코바 브랜드인 스니커즈는 2013년 12월 유튜브에서 '좀비 변신 영상'이 공개되자마자 TV광고 포털사이트인 TV CF에서 크리에이티 부분 1위와 세계적인 광고평가 전문 사이트인 베스트애즈온티비닷컴에서 주간 베스트에 선정되는 기염을 토하며 조회수 550만 건을 넘어서며 연일 화제를 모았다. "출출할 때 넌, 네가 아니야"라는 글로벌 캠페인으로 출출하면 좀비가 된다는 재미있는 아이디어를 최신 기술을 통해 관찰카메라 형식으로 구현해 냈는데, 스니커즈는 이 동영상을 통해 소비자들에게 즐거움을 주는 브랜드라는 이미지를 심어주었다.

2014년 초에는 영국 남자가 삼양식품의 '불닭볶음면'을 먹는 동영상이 유튜브에 올라와 무려 160만 명이 이 동영상을 시청해 화제가 됐다. 불닭볶음면은 중독성 있는 매운맛으로 소비자들의 입맛을 사로잡았다. 불닭볶음면은 삼양식품 전체매출의 3분의 1을 차지하고 있으며, 매출 상승세를 지속하고 있다.

동영상 광고 반응을 보면서 TV 광고를 준비하는 제품도 있다. 세월호 여파로 맥주 신제품 '클라우드'의 광고 방영을 연기해왔던 롯데주류는 유튜브에 '클라우드 TV-CF, 전지현 편'이라는 제목으로 영상을 먼저 올렸다.

페이스북 스타

부산경찰청, 고양시청

기업뿐만 아니라 공공기관도 소셜마케팅을 유용하게 활용할 수 있다. 하지만 대부분의 공공기관은 사람들과 소통하려는 목적보다 SNS를 하는 것이 최근 추세이니 형식적인 구색 맞추기에 불과한 경우가 많다. 그런데 공공기관으로는 드물게 페이스북에서 많은 팬을 거느리고 있는 일명 페이스북 스타가 있다. 부산경찰청과 고양시청 페이스북은 공공기관이 국민과 어떻게 소통해야 하는지를 제대로 보여준 사례라 하겠다.

부산경찰청 페이스북은 사건 사고 소식에 유머를 가미한 '촌철살인형' 스토리텔링으로 생생하고 재치 있게 전달하는 게 특징이다. 그리고 광고 천재라 불리는 이제석 씨와 함께 인상적인 홍보와 마케팅을 펼쳐 왠지 무섭고 딱딱한 경찰청의 이미지가 아닌 재미있고 친숙한 이미지를 보여줌으로써 부산 시민뿐만 아니라 전국적으로 알려지게 되었다. 2014년 7월 부산경찰청 페이스북 팬은 10만 명을 돌파하며 그 인기를 여실히 보여주었다. 부산경찰청 페이스북은 '2013 대한민국 SNS 대상' 비영리 부문 최우수상을 수상했다.

고양시 페이스북은 고양시의 캐릭터인 고양이를 이용하여 재미있고 친근감 있게 운영되는데, 문장이 끝날 때 '~고양'을 붙이는 일명 '고양체'가 특징이다. 고양시장이 직접 고양이 장갑을 끼고 찍은 사진은 조회 수가 100만 건이 넘었고, 포털 사이트 검색어 1위에 오르기도 했다. '소녀의 눈물을 닦아 주세요'라는 카피를 넣은 위안부 서명 관련 포스팅은 조회수가 무려 300만 건이 넘기도 했다. 페이스북 덕분에 고양시청에 대한 시민들의 호감도가 높아졌으며 시민들에게 보다 가까이 다가갈 수 있었다.

부산경찰청과 고양시 페이스북이 성공한 주된 요인은 사람들에게 다가가는 친근감이다. 어렵지 않고 재미있게, 센스 넘치는 콘텐츠를 활용하여 사람들로 하여금 흥미요소를 저절로 찾고 이를 확산시킬 수 있도록 한 점, 다시 말해 고객들과 활발하게 소통한 것이 소셜미디어를 활용한 마케팅을 성공적으로 이끈 열쇠라 하겠다.

중소기업일수록 브랜드 자산이 미래를 담보한다

소비자는 많은 브랜드 중에서 어떤 특정 브랜드를 선택하여 높은 만족감을 느끼면, 그 브랜드에 대한 충성도가 높아져 반복구매를 하게 된다. 이런 충성고객은 기본적인 수익 창출 외에 프리미엄 가격을 수용하기 때문에 고수익을 실현시켜주고 신규고객을 유치하는 비용도 절감시켜준다. 또 만족한 상품이나 서비스를 주변 사람에게 추천하며 입소문을 낸다. 따라서 이런 소비자가 많아지면 그 브랜드는 하나의 강력한 브랜드 파워를 형성하게 되는데, 이것이 바로 브랜드 자산이다.

브랜드 자산은 인지도와 강력한 이미지에 의해 형성된다. 즉 소비자에게 잘 인식시켜 좋은 이미지를 형성하면 장기적인 브랜드 자산이 된다. 강력한 브랜드 자산을 갖게 되면 매출 증대와 매출의 안정성, 시장점유율 획득, 브랜드 확장에 의한 타상품의 매출 증대와 비용절감, 경쟁으로부터 보호, 다른 상품의 이윤 창출을 도와주는 시너지 효과, 회사의 자산가치 증가 등 많은 혜택을 얻게 된다. 특히 기업 간 인수나 합병 시 브랜드의 높은 자산가치는 인수나 합병 조건에 많은 영향을 미친다.

만일 소비자들이 어떤 상품의 우열을 사용해보기 전에 확실하게 알 수 있다면 브랜드가 그다지 중요하지는 않을 것이다. 그러나 수많은 상품들이 경쟁하는 시장에서 경쟁업체 간의 기술수준이 비슷해 상품들 간의 품질 차이를 거의 느낄 수 없다. 특히 비전문가인 소비자들은 더더욱 그 품질 차이를 알기 어렵기 때문에 브랜드에 의존해서 선택할 수밖에 없다.

문제는 소비자가 브랜드를 선택하는 경우, 상품의 기능이나 효능만을 고려하여 선택하는 것이 아니라 심리적 가치나 사회적 가치를 함께 고려하여 선택하는데, 이때 선택의 기준이 되는 가치가 내재되어 있는 것이 바로 브랜드이다. 따라서 어떻게 하면 상품의 효능이나 효과 외에 자사 브랜드의 차별화된 심리적·사회적 가치를 소비자 머릿속에 각인시킬 것인지가 중요하다.

한편, 브랜드의 명성은 수요와 영속적인 매력의 원천이 되기도 한다. 즉 우월한 브랜드 이미지와 부가가치가 상품의 높은 가격을 정당화시킨다. 특히 시장 지배적인 브랜드는 그 영역에서 하나의 기준으로서 작용하기 때문에 경쟁자들에 대해서는 진입장벽이 되기도 한다.

하지만 자원이 부족한 중소기업이 이러한 브랜드 자산을 확보하기는 쉽지 않다. 브랜드를 알리는 데 필요한 최소한의 자원마저 확보하지 못해 어려운 상황이 반복되기 때문이다. 그러나 반복되는 악순환의 고리를 벗어나기 위해서는 필요한 최소한의 자원을 투입해야 하고, 자원이 많이 들어가는 TV, 신문 같은 매체가 아니더라도 상대적으로 비용이 저렴한 소셜미디어상에 지속적으로 브랜드를 노출하는게 필요하다. 그리고 중소기업이 중장기적으로 강력한 브랜드 자산을 육성하기 위해서는 처음 회사를 창업할 때부터 네이밍을 신중하게 결정해야 한다. 처음에 아무렇게나 네이밍을 정하고서 나중에 바꾸게 되면 그동안 노출된 누적효과를 볼 수 없게 되어 처음부터 다시 브랜드 인지도와 이미지를 높여가야 하는 비효율이 생기게 된다. 특히, 회사명에 제품의 속성이 들어가 있는 경우는 별도의 상품 브랜드를 가져 가는게 중장기적으로 브랜드 자산을 확보하는데 유리하다. 예를들어 '○○기계', '○○정밀'등과 같은 회사명인 경우에는 별도의 상품 브랜드가 필요하다. '만도기계'라는 회사명에 '위니아'라는 별도 브랜드를 런칭한 것과 같은 경우이다.

나쁜 상황이 반복되는 악순환의 고리를 끊어야

쿠쿠전자

1990년대에 밥솥 시장은 일본의 코끼리 밥솥과 국내 대기업

밥솥으로 양분되어 있었다. 1978년에 창업해 20년간 대기업에 OEM 방식으로 밥솥을 납품해온 성광전자주식회사는 IMF가 터지면서 대기업의 밥솥 주문량이 급감해 위기를 맞았다. 당시 자체 브랜드가 없던 성광전자는 생존을 위해 자체 브랜드를 만들기로 결정했고 마침내 1998년 4월 자체 브랜드 '쿠쿠'를 판매하기 시작했다. 더불어 마케팅팀을 신설해 홍보, 유통, 브랜드 관리 등 마케팅활동을 공격적으로 펼쳐나갔다.

외환위기로 인해 대기업도 TV광고를 줄이던 그 시절에 성광전자는 쿠쿠 TV광고에 50억 원을 투입했다. 다행히 전체적으로 TV광고가 줄어들면서 광고비가 저렴해진 덕분에 프라임 시간대오후 8시에서 10시 사이에 적은 비용으로 광고할 수 있었고, 경쟁자인 대기업들의 전기밥솥 TV광고도 없었던 터라 광고 효과는 극대화 되었다.

그리고 중소기업 제품이라 품질이 좋지 않을 것이라는 인식을 불식시키기 위해 성광전자는 밥솥의 핵심 기능인 밥맛 향상과 압력밥솥에서 가끔 일어나는 폭발 현상을 방지하기 위해 연구개발에도 적극 투자했다. 사내 근무직의 50%가 연구개발 인력으로 채워질 정도로 기술력 강화에 집중했던 것이다. 여기에다 소비자들이 중소기업 제품을 꺼리는 이유 중 하나가 고장이 났을 때 충분한 AS를 받을 수 없기 때문이라는 점에 착안해 당시 중소기업으로는 드물게 전국 AS센터를 운영했다.

이러한 노력 덕분에 성광전자는 1999년 국내 시장점유율

19%로 올라설 수 있었다^{2002년 11월에는 쿠쿠전자로 상호를 변경하였다}. 시장의 외부 환경도 성광전자의 앞길을 밝혀주었다. 2004년 대기업들이 전기압력밥솥의 폭발 문제와 채산성을 이유로 밥솥 시장에서 잇따라 철수했던 것이다. 이것을 기회로 본 쿠쿠는 아예 프리미엄급 전기밥솥을 출시해 시장을 고급화하는 데 성공했다. 이후 쿠쿠는 국내 전기밥솥 시장의 강자로 올라섰고 지속적인 경영성과를 내고 있다.

사실 중소기업이 브랜드를 만드는 것은 매우 힘든 일이다. 성공이 불확실한 사업이나 제품에 무리하게 투자를 해야 하기 때문이다. 특히 쿠쿠처럼 외환위기로 OEM 매출이 줄어드는 시점에 자체 브랜드를 만들고, 마케팅 비용을 50억 원이나 투입하는 것은 상식적으로 매우 위험하고 비합리적인 의사결정으로 보인다. 그러나 중소기업이 악순환의 상황에 처했을 경우 살아남기 위해서는 나쁜 상황이 반복되는 고리를 끊어야만 한다.

중소기업에 맞는 브랜드자산 육성법을 실천하라

중소기업은 어떻게 브랜드 자산을 만들어야 할까? 다음 다섯 가지 방법을 활용하면 도움이 될 것이다.

첫째, 차별적인 제품과 명확한 브랜드 아이덴티티를 만드는 데 집중한다.

중소기업은 브랜드를 알릴 수 있는 자원과 채널이 부족하기 때문에 초기에는 브랜드를 과감하게 알릴 수 있는 마케팅 활동이 부족할 수밖에 없다. 그렇다고 브랜드나 로고를 대충 정해서 활동하기보다 명확한 브랜드 아이덴티티를 정해 로고, 슬로건, 패키지 등에 일관된 브랜드 요소를 갖춰야 한다. 브랜드 아이덴티티란 소비자가 무엇을 연상하도록 할 것인가를 정하는 일인데 이는 크게 세 가지 측면으로 나눌 수 있다. 경쟁사와 차별적인 요소, 기업의 철학 등에 부합되는 요소, 소비자 니즈와 관련된 요소다. 예를 들어 소비자가 천연 브랜드를 신뢰하지 않는다면 차별적인 요소로 '신뢰성'을 하나의 아이덴티티로 가져갈 수 있다.

또한 브랜드 이미지에 큰 영향을 주는 것은 소비자가 사용하는 제품이므로, 기존 시장에 있던 제품과 확연히 다른 콘셉트의 제품을 개발해야 한다. 별다른 차별점도 없이 단순히 브랜드 이미지만으로 소비자에게 브랜드를 인식시키려고 하면 엄청난 비용이 들어간다. 제품 콘셉트 안에는 독특한 기능이나 최초로 출시한 카테고리의 제품, 소비자가 불만족을 표시했던 부분을 탁월하게 충족시키는 특징 등의 차별점이 존재해야 한다. 나아가 이러한 차별점을 잘 연계시킨 브랜드 아이덴티티를 만들어야 한다.

물론 중소기업 입장에서는 낯설고 힘든 일로 느껴질지도 모른다. 브랜드를 만드는 일은 당장 눈에 띄는 효과를 기대하기 어렵기 때문이다. 하지만 초기의 힘들고 더딘 과정을 거치지 않으면 나중에 강력한 브랜드 파워의 효과를 거둘 수 없다. 이러한 인식을 바탕으로 경영자 자신부터 굳건한 의지를 발휘해야 한다.

둘째, 특정 타킷 소비자와 채널에 집중한다.

중소기업이 대중시장에서 모든 소비자와 채널을 상대로 마케팅 활동을 펼치기는 힘들다. 모든 소비자와 채널을 상대로 하면 시장의 규모는 커지지만 집중의 효과를 발휘하지 못하므로 중소기업의 입장에서는 피해야 할 전략이다.

특정 소비자 타깃에 집중하면 그들의 라이프스타일과 소비 특성을 전체적으로 파악할 수 있고, 이를 통해 그들이 주로 접촉하는 커뮤니케이션 채널들을 선택적으로 활용할 수 있다.

예를 들어 아이가 있거나 아이를 낳을 의사가 있는 20대 후반, 30대 중반의 전업주부를 핵심 타깃으로 선정했다면, 해당 소비자들을 관찰하면 그들이 주로 관심을 기울이는 주제와 라이프스타일 패턴, 정보를 얻고 교환하는 커뮤니케이션 수단을 파악할 수 있다. 실제로 이들 연령대는 주로 온라인 주부 커뮤니티 사이트와 파워 블로그 등에 방문해 육아와 요리에 관련된 정보를 얻는다. 생필품은 가격이 저렴한 온라인 사이트를 이용해 구매하고 가족과 주 1회 이상 외식을 즐기며 자녀에게 관심이 높아 친환경 상품에 대한 구매 욕구가 크다.

이러한 사실을 파악한 뒤에는 타깃에 브랜드 아이덴티티를 인식시키기 위해 주부 커뮤니티 사이트에 제휴 광고를 진행하거나 이벤트를 열어 소비자의 관심을 끌 수 있다. 영향력 있는 파워 블로거를 초대해 제품을 소개하고 체험을 유도해 자연스럽게 입소문을 창출하는 것도 효과적이다. 또한 브랜드와 연계해서 육아 관련 사은품이나 경품을 활용해 판매 프로모션 및 이벤트를 열어 초기 시험구매를 유도하면 자연스럽게 브랜드 이미지를 구축할 수 있다. 유통비용을 줄이고 싶을 경우에는 온라인 회원가입을 통해 구매하도록 하고 줄어든 유통비용의 혜택을 회원들에게 제공하면 소비자 만족도가 올라가는 한편 자연스럽게 입소문이 퍼져나간다. 이러한 브랜딩 활동은 큰 비용이 들지 않는다. 특히 대기업들의 TV 광고비에 비하면 상당히 저렴한 편이다.

셋째, 소비자와의 커뮤니케이션에 역량을 집중한다.

대기업처럼 소비자에게 일방적으로 정보를 쏟아내는 방식은 중소기업에게 맞지 않다. 중소기업은 소비자의 자발적인 주목을 이끌어내는 것이 중요하다. 따라서 소비자와의 커뮤니케이션으로 자연스럽게 관심을 이끌어내고 그들이 주변 사람들에게 정보를 전달할 수 있는 가치와 커뮤니케이션 포인트를 찾아내야 한다. 그 포인트를 찾아낸 뒤에는 기업의 역량을 그곳에 집중해 효과를 낼 수 있는 임계치까지 자원을 투입해야 한다.

넷째, 브랜드 스토리로 무장한다.

브랜드는 소비자에게 인식되어야만 브랜드로서의 구실을 할 수 있다. 기업들은 대개 마케팅 활동으로 브랜드의 철학과 관련된 몇 가지 이미지 정보를 소비자의 인식 속에 저장하고자 한다. 그런데 오늘날의 소비자는 지나치게 많은 브랜드 정보에 노출되고 있고 또한 이미 충분히 많은 브랜드를 인식하고 있다. 따라서 단순히 브랜드 로고·슬로건·메시지 등 브랜드의 시각적 정보와 소비자 캠페인, 이벤트를 통한 시각적 이미지 및 연상 이미지만으로는 소비자 인식 속에 깊이 자리 잡기 힘들다.

대기업들이 엄청난 물량공세를 통해 반복적으로 브랜드 정보를 쏟아놓는 이유가 여기에 있다. 다시 한 번 말하지만 물량

공세는 중소기업이 채택할 수 있는 방법이 아니다. 중소기업의 브랜딩 작업은 신속하고 기민하며 효과적이어야 한다. 브랜드 정보를 소비자에게 효과적으로 전달하고 인식시키는 방법 중 하나가 '브랜드 스토리'다.

인간이 정보를 교환할 때 가장 친숙하게 느끼는 형태가 스토리다. 스토리는 현실과 진실이라는 딱딱한 부분을 부드럽게 만들고 듣는 사람의 반감을 줄여주는 따듯한 망토와 같다. 브랜드 스토리 역시 고대 부족의 스토리와 흡사하다. 기업의 브랜드 스토리는 고객과 직원 모두에게 브랜드의 가치와 철학을 전달하고 좋은 점과 나쁜 점을 깨닫는 동시에 어떤 목표를 향해 나아가고 있는지 알게 해준다. 또한 감성적 에너지가 풍부한 브랜드 스토리는 소비자에게 보다 쉽게 브랜드를 인식시킨다. 그러므로 중소기업이 브랜드를 만들 때는 브랜드 스토리를 만들어 마케팅활동을 펼치는 것이 좋다.

강력한 브랜드는 분명하게 명시한 브랜드 가치를 기반으로 구축되지만 좋은 스토리는 모두가 쉽게 이해할 수 있는 언어로 그 가치를 전달해야 한다. 이러한 스토리의 소재는 언제나 내부에 있게 마련이므로 그것을 활용하는 것이 바람직하다. 이 경우 메시지에 신뢰성이 더해지기 때문에 허구로 만든 스토리보다 훨씬 빠르게 전파되고 강한 영향력을 미친다. 기업 내부에서 찾을 수 있는 스토리 소재로는 직원, 최고경영자, 창업자, 성공과 실패 사례, 제품, 고객, 협력업체 등이 있다.

예를 들어 어느 경비보안 업체의 브랜드 스토리가 다음과 같다면 브랜드 가치인 '안전'에 대한 신뢰가 한층 향상될 것이다.

"여느 때와 다름없이 회사의 CEO는 아침 일찍 출근했다. 그는 평상시처럼 자동차에서 내려 중앙의 현관 계단을 올라갔다. 그가 유리문을 막 지나려고 할 때 누군가가 그를 불러 세웠다. 경비원이었다. 그는 '죄송합니다만 ID카드가 없으면 출입할 수 없습니다.'라고 말했다. 새로 온 지 얼마 되지 않았지만 CEO의 얼굴을 모르지는 않을 것이다. CEO는 난처했다. 잠시 고민하던 그는 자동차로 돌아갔다. 그리고 집에 두고 온 보안카드를 챙겨 다시 회사로 돌아왔다. 그 경비원은 다음날 자신이 경비 부서 책임자로 진급하게 될 것이라는 사실을 모른 채 경비 업무에 열중했다."

이렇게 구성된 스토리는 듣는 사람에게 브랜드의 가치와 약속인 '보안에 대한 헌신'을 더욱 자연스럽게 전달해준다.

다섯째, 시간을 내 편으로 만든다.

마케팅 커뮤니케이션 방법 중에 통합 마케팅^{IMC, Intergrated Marketing Communication} 기법이 있다. 이것은 목표 타깃이 접하는 다양한 커뮤니케이션 채널을 향해 일관된 메시지를 전달하는 것인데, 대기업은 보통 신제품을 런칭하면서 대대적인 IMC를 시도한다. 가령 저녁 프라임 시간대에 30초짜리 TV광고를 여러 차례 반복하고 케이블 방송에도 많은 광고시간을 할애한다. 또한 일간지와 무료로 나눠주는 무가지 등의 1면에 전면광고

를 신고 전철이나 버스, 정류장, 그리고 도시 곳곳에 서 있는 옥
외광고판에 몇 달 동안 광고를 진행한다. 그뿐 아니라 소비자
가 많이 모이는 장소에서 기습적인 게릴라 이벤트를 하거나 수
많은 도우미를 동원해 체험 이벤트를 벌이기도 한다. 여기에
더해 온라인 채널인 메일, 커뮤니티, 모바일 등에도 브랜드 광
고를 진행한다.

이 정도면 가히 브랜드 정보 폭격이라 할 만하다. 이처럼 폭
발적이고 대대적인 마케팅 활동은 브랜드를 인식시키는 데 큰
도움이 되긴 하지만 이러한 마케팅이 항상 성공하는 것은 아니
다. 중소기업의 브랜딩은 폭발적인 마케팅 활동으로 키우기가
어렵다. 중소기업은 소비자 혹은 언론에 주도적으로 정보를 전
달하거나 이들을 조정할 힘이 없기 때문이다. 따라서 완만하게
지속적으로 브랜드를 구축해나가야 한다.

처음에는 잘 알려지지 않은 매체 혹은 채널에서 브랜드를 런
칭한다. 그런 다음 한 단계씩 꾸준히 브랜딩 작업을 진행한다.
중요한 것은 일관된 메시지로 브랜드를 알려야 한다는 점이다.
이때 적합한 마케팅 활동 중 하나는 PR^{Public relations}이다. PR은
해당 브랜드와 전혀 이해관계가 없을 것으로 보이는 제3의 정
보원, 즉 언론이 소비자에게 정보를 전달하는 것이므로 신뢰도
가 높은 편이다. 이 경우 언론은 대개 소비자에게 전달할 수 있
는 흥미로운 스토리를 포함시키고 싶어 한다.

따라서 적절한 PR을 통해 단계적으로 나아가면 큰 효과를

볼 수 있다. 예를 들어 어떤 간행물에 기사가 실리면 사다리를 타고 올라가듯 이를 한 단계 높여 다른 간행물에 실리도록 유도한다. 아니면 인쇄매체의 기사가 나간 후 방송매체에 그 기사가 나오도록 한다. 이렇게 언론에서 긍정적인 기사가 나오면 나중에 다른 관련 기사를 낼 때도 처음의 긍정적인 기사 내용이 반영돼 긍정적인 내용으로 흐를 확률이 높다.

중소기업은 설사 시간이 걸릴지라도 믿을 만한 정보를 꾸준히 전달하는 마케팅활동을 펼쳐야 한다. 이러한 홍보활동을 잘 활용하면 투자 대비 몇 배의 효과를 얻을 수도 있다.

히든 챔피언 만들기 프로젝트

중소기업 생존전략

| 1쇄 인쇄 | 2015년 1월 20일 |
| 초판 발행 | 2015년 1월 26일 |

| 저자 | 나종호 |

펴낸이	고봉석
책임편집	윤희경
교정·교열	고우정
편집디자인	이경숙

펴낸곳	이서원
주소	서울시 서초구 신반포로 43길 23-10 서광빌딩 3층
전화	02-3444-9522
팩스	02-6499-1025
이메일	books2030@naver.com
출판등록	2006년 6월 2일 제22-2935호

| ISBN | ISBN 978-89-97714-40-7 |

ⓒ 나종호(저작권자와 맺은 특약에 따라 검인은 생략합니다)

• 잘못된 책은 바꿔드립니다.　　• 책값은 뒤표지에 있습니다.

이 도서의 국립중앙도서관 출판시도서목록(CIP)은 서지정보유통지원시스템 홈페이지(http://seoji.nl.go.kr)와 국가자료공동목록시스템(http://www.nl.go.kr/kolisnet)에서 이용하실 수 있습니다. (CIP제어번호 : CIP2014036133)

이서원(iseowon)은 독자 여러분의 책에 관한 아이디어와 원고 투고를 기다리고 있습니다. 책으로 엮기를 원하는 아이디어가 있으신 분은 언제든지 이메일 books2030@naver.com로 간단한 개요와 취지, 연락처 등을 보내주십시오.